Konrad Geiger

frisch, bunt & regional

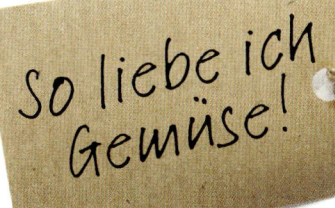

So liebe ich
Gemüse!

für meine Frau

Inhalt

Die Rezepte

Essen Sie, was Sie möchten oder essen Sie, was da ist? Eine lebenswichtige Frage, finde ich. Und da geht es mir in erster Linie nicht um gesundes Essen. Es geht um Genuss! Um genialen Gemüsegenuss. Der kann meiner Meinung nach nur entstehen, wenn die Produkte aus ökologischem Anbau stammen und auf dem Höhepunkt der Reifezeit geerntet werden.

Einkaufen, Kochen, Essen - das alles ist für mich „Zelebration". Ich benutze dieses „denglische" Wort gerne, auch wenn es das eigentlich nicht gibt. Es ist der Versuch, das englische „Celebration" in die Küche zu tragen.

Wir waren die Waltons der Bio-Landwirtschaft

Maybe I should introduce myself first

Gestatten, Konrad Geiger, geboren in Los Angeles, USA; in einem Land, in dem man Lebensmittel-Anbau und -Herstellung gerne der Industrie überlässt. Trotzdem oder vielleicht deswegen habe ich genau dort meine nachhaltige Denkweise und mein Qualitätsbewusstsein entwickelt, denn heute bezeichne ich mich als den „100 %-Bio-Koch". Und das kam so:

Mein Vater, ein g'standener Münchener, bekam in jungen Jahren einen Anruf von einem Onkel aus Los Angeles. Er sollte dessen Autowerkstatt übernehmen. Musste ihm keiner zweimal sagen. Mit 19 wanderte er aus - und aß in New York bei der Zwischenlandung seinen ersten Burger. Übrigens gemeinsam mit Marlene Dietrich, die eine Freundin der Familie war.

Meine Mutter, blitzsaubere Schwäbin, bekam auch einen Anruf, auch verbunden mit einem Promi und mit gutem Essen: Eine Tante war als Privatköchin bei Jerry Lewis in Kalifornien angestellt und es war eine zweite Stelle zu besetzen. Auch da ging es schnell: Koffer gepackt und ab in die USA.

Die beiden lernten sich nun in Los Angeles kennen ... und jetzt springe ich ein bisschen ... zogen mit mir und meinen beiden Geschwistern irgendwann nach Vancouver im Staat Washington. Das Glück wollte es so, dass sie dort den kleinen Hof eines Nachbarn übernahmen. Neben unseren Hobbys Angeln, Jagen, Pilze und Beeren sammeln waren wir jetzt auch noch richtige Farmer mit Rindern, Schweinen, Bienen und Gemüse. Während andere Kinder mit Baseball oder Football zu tun hatten, waren wir so eine Art Waltons mit Bio-Landwirtschaft. Gemüse hatte bei uns eine ganz andere Wertigkeit als bei anderen Familien. Unsere Kartoffeln waren die besten weit und breit!

Auch an die Rübenernte habe ich wunderbare Erinnerungen und der Geschmack von Stangenmeerrettich hat sich tief in meine Erinnerungen eingegraben. Und das sind nur winzige Rückblicke in eine Kindheit voller Genuss, Geschmack, Natur.

Mit 14 habe ich mir dann meinen ersten Wok gewünscht und angefangen, mit Gerichten zu experimentieren. Mit 16 habe ich auf der High School das Wahlfach ‚Culinary Arts' belegt.

Und dann kam der Moment, an dem meine Eltern merkten: Der Junge meint es ernst, er will Koch werden. Weil eine Ausbildung in den USA nicht möglich ist, kam wieder „good old Germany" ins Spiel: Verwandte besorgten mir einen Ausbildungsplatz im Schwarzwald. Jetzt musste MIR das keiner zweimal sagen!

Und hier kommt mein erstes Kochbuch – natürlich ein Gemüsebuch. Das passt, denn Gemüse ist ja für die meisten Köche eine Beilage zu Fleisch, Fisch oder Geflügel. Bei mir nicht, bei mir ist es genau umgekehrt: Gemüse muss nach vorne, auf die große Bühne, als Genuss- und Geschmacks–Star Nummer 1!

Machen Sie es doch wie ich: Zelebrieren, feiern Sie das gemeinsame Essen mit Familie oder Freunden. Die Natur schenkt uns so viele Genüsse, dass eigentlich jedes Essen ein Fest, eine Zelebration sein kann.

Viel Spaß und viel Genuss mit meinen Gemüse-Rezepten, zu welcher Jahreszeit auch immer!

Ihr Konrad Geiger

Nur reife Zutaten sind es wert, gekauft zu werden

Ein Blick durch die Röhre

Von der Ausbildung über meine vielen Stationen als Koch bis zur Gründung meiner eigenen Firma habe ich immer wieder eines erkannt: **Geschmack kommt durch Qualität und Kreativität.** Deswegen mache ich gerade bei Gemüse hinsichtlich Frische und Qualität keine Kompromisse.

Die Qualität kann ich sogar messen! Die Brixzahl ist für mich eine wichtige Komponente, um Qualität und Frische von Gemüse zu bestimmen. „Grad Brix", das steht – vereinfacht gesagt – für den Zuckergehalt bzw. den Reifegrad einer Frucht. Diese Zahl messe ich mit einem einfachen Hand-Refraktometer, wie es auch Obstbauern und Imker verwenden. Je höher die Brixzahl, desto reifer und geschmackvoller ist das Gemüse. Möhren sollten mindestens 16, Tomaten 12 und Spargel 8 Grad Brix haben. Die wichtigsten Brixzahlen finden Sie in der Tabelle am Ende des Buches. So ein Refraktometer gibt es übrigens ab ca. 25 € – Sie geben nur einen Tropfen Saft auf das Glas vorne, schauen durch das Gerät und können sofort ablesen, ob die Qualität für einen guten Geschmack ausreicht.

Hand-Refraktometer zur Bestimmung der Brixzahl

Das müssen Sie nicht heimlich machen – fragen Sie Ihren Gemüsehändler, vielleicht kennt er die Methode auch noch nicht und macht gerne mit, denn es ist schließlich in seinem Interesse, gute Ware zu verkaufen.

Wenn Sie nicht wie ich mit dem Refraktometer hantieren wollen, habe ich noch ein paar andere Tipps, um Frische und Qualität bei Gemüse zu erkennen. Denn das reine Aussehen ist oft nicht das wichtige Kriterium:

• Möhren z.B. sollten keinesfalls eingerissen sein und die Schnittstelle soll aussehen, als ob das Grün gerade erst abgeschnitten wurde.

• Frischer Spargel muss quietschen, wenn Sie die Stangen aneinander reiben. Auch da soll es keine Risse geben, auch nicht an der Schnittfläche.

• Ähnlich beim Blumenkohl: Ist die Schnittstellte braun oder gerissen – dann ist der Blumenkohl schon älter.

• An Tomaten sollten Sie riechen, je mehr Aroma, desto besser schmecken sie auch. Und: Vorsicht bei harten, verwelkten Stielen bei Strauchtomaten. Bewahren Sie Tomaten nicht im Kühlschrank auf, da verlieren sie an Geschmack.

• Noch ein Tipp zu Zwiebeln: Natürlich sind die nicht mehr frisch, wenn schon Keime zu sehen sind. Aber: Die Keime sind essbar, ich verwende sie oft als kleine Rohkostkomponente.

Meine Leitfäden für das perfekte Ergebnis

Von viel kommt viel

Das perfekte Rezept, das geniale Gericht? Das versuche ich jedes Mal wieder zu erreichen. Und damit ich dem Genusshimmel so nah wie möglich komme, habe ich einige Leitfäden entwickelt, die in JEDEM meiner Rezepte verwirklicht sein müssen:

biologisch

natürlich und saisonal

frisch

vital

genussvoll

mit echtem Geschmack

raffiniert lebendig

kreativ

minimalistisch

optimaler Einsatz von
Kräutern und Gewürzen

Außerdem ist mir wichtig,
die Zutaten regional mit kurzen Lieferwegen zu
erhalten, nachhaltig mit den Ressourcen umzugehen
und die Jahresfeste in den Speiseplan einzubauen.

Die Liebe steckt im Detail

Manches mache ich anders

Meine Gemüsebrühen

Die Rezepte in diesem Buch haben jeweils eine Grundgeschmacksrichtung: heimisch, mediterran oder rassig. Basis
dafür sind meine drei Gemüsebrühen, die ich immer auf
Vorrat produziere. Ohne sie geht bei mir gar nichts! Die
Gemüsebrühen sind wegen des hohen Gemüseanteils sehr
hochwertig und können bis zu zwei Wochen im Kühlschrank aufbewahrt werden. Sie finden die Rezepte für
meine Brühen auf den Seiten 128 und 129.

Gemüse waschen

Es klingt merkwürdig, aber „Gemüse waschen" ist für mich
wirklich eine **wichtige Grundtechnik**. Champignons und
Karotten zum Beispiel müssen bei mir nicht geschält und
Chicorée nicht warm gewaschen werden. Wiewohl Sie das
natürlich tun können, wenn es Ihnen geschmacklich wichtig
ist. Ansonsten gilt, auch wenn es in den Rezepten nicht
ausdrücklich erwähnt ist, meine Empfehlung: Alle Gemüsesorten in reichlich kaltem Wasser mit einer Gemüsebürste
waschen. Frei nach meiner Devise: „Vom Feld sofort in die
Küche!" Keine langen Transportwege, keine Zwischenlage-
rung in irgendwelchen Kühlzellen, vor allem nicht zur Nach-
reifung mit Gas. Für mich läuft ab Ernte die Uhr. Denn von
Stunde zu Stunde werden die Nährstoffe weniger, und das
gilt es in der gesunden Gemüseküche zu vermeiden. Am
liebsten ist es mir sogar, wenn der Landwirt eine Feinschicht
Erde als Schutz dranlässt – um den Rest kümmere ich mich.

Zwiebel anschwitzen

Ein „No Go" für mich: Zwiebeln verkochen oder verbrennen
lassen. Gemüse, also auch Zwiebeln, sind wertvolle Lebensmittel, die ich nach ihrer Brixzahl aussuche – denn der Geschmack steht bei mir absolut im Vordergrund. Deshalb muss
auch die Weiterverarbeitung optimal sein. Bei Zwiebeln bedeutet das, dass erst mal die Säure verschwinden muss, also
das, was Sie beim Zwiebelschneiden heulen lässt. Darum:
Zwiebeln erst bei 100 bis 120 °C anschwitzen, bis sie glasig
werden. Aber Achtung: Bei dieser Temperatur verkochen
sie irgendwann. Deswegen **die Temperatur dann auf 150 bis
160 °C erhöhen**. Jetzt fängt der natürliche Zucker in den
Zwiebeln an zu karamellisieren und sorgt für den unnachahm-
lichen Geschmack und die goldgelbe Farbe. Und natürlich:
Immer rühren, damit die Zwiebeln nicht anbrennen.

Urgetreide und alte Gemüsesorten

Sie werden bei den Zutaten Produkte wie deutschen „Reis", Blaue Schweden und Chinesische Keule finden – das sind zum einen **uralte Sorten**, zum anderen neue Pflanzen, die es in den **heimischen Bio-Anbau** geschafft haben. Mir geht es dabei hauptsächlich um den **unverfälschten Urgeschmack** der einzelnen Lebensmittel.

Mit wenigen, sehr guten Zutaten kann man geschmacklich sehr viel erreichen. Vielleicht ist deshalb die Brixzahl für mich genauso wichtig wie eine Pflanze von samenfester Sorte. Eine Mutterpflanze (auch wenn sie ursprünglich aus Asien kommt), die hier gut wächst und ihre eigenen fruchtbaren Samen bildet, hört sich für mich natürlicher an als eine industriell entwickelte Kulturpflanze, die nur einmalig Früchte trägt. Für den Fall, dass Sie keine Chinesische Keule auf dem Markt finden, empfehle ich im Rezept eine Alternative. Fragen Sie dennoch Ihren Gemüsehändler, die Nachfrage bestimmt das Angebot.

Zucker & Salz

Grundsätzlich sollte auf natürlichem Weg gesüßt werden: **Honig, Ahornsirup, Agavensirup, Dicksäfte** usw. enthalten reichlich Mineralstoffe und viele weitere ernährungsspezifische Vorteile, die der normale Haushaltszucker nicht bieten kann. Trotzdem kommen wir oft, je nach Rezept und Geldbeutel, nicht um Rüben- oder Rohrzucker herum. Wenn schon Kristallzucker, dann empfehle ich **heimischen Rübenzucker aus Bio-Anbau**.

Ich verwende ausschließlich **unraffiniertes Steinsalz**, ein deutsches Naturprodukt. Es enthält natürliches Jod und mindestens 74 Mineralien und Spurenelemente. Steinsalz ist Salz aus dem Meer, das vor ca. 230 Millionen Jahren durch Klimaveränderungen austrocknete. Infolge der Erdverschiebungen gelangte das Salz unter die Oberfläche und lagert bis heute in mehreren hundert Metern Tiefe. Dort war es keinerlei Umwelteinflüssen oder Verunreinigungen ausgesetzt. Durch den hohen Druck der darüberliegenden Gesteinsschichten konnte eine hochwertige Form der Auskristallisierung entstehen. Das Steinsalz kann somit als ursprünglichstes, reinstes Natursalz bezeichnet werden. Es ist ein wertvolles, unbehandeltes Naturprodukt ohne jegliche Zusätze. Als Spitzenkoch bin ich eben detailverliebt – und da darf es beim Salz nicht aufhören.

Ghee und Pesto

In vielen meiner Rezepte werden Sie dieses gereinigte Butterfett als Zutat finden. Ghee ist die traditionelle indische/pakistanische Art, Butter zu klären. Dabei wird Milcheiweiß und Milchzucker entzogen. Das hat mehrere Vorteile: **Ghee ist bekömmlicher, kann stärker erhitzt werden und ist auch bei Laktoseunverträglichkeit einsetzbar.**

Warum ich bei der großen Vielfalt an Fertigwaren mein eigenes Pesto mache? Durch die schonende Verabeitung bleiben Geschmack und Farbe viel intensiver als bei Industrieprodukten – probieren Sie es! Die Rezepte für Ghee und Pesto finden Sie auf Seite 130.

Sous-vide: Vakuumgaren

Diese Gartechnik macht qualitativ so viel aus, dass ich sie Ihnen allerwärmstens empfehle. Sie müssen sich auch nicht gleich ein teures Vakuumiergerät kaufen. Es gibt „Sous-vide-Beutel", Sie können aber auch verschließbare Kunststoffbeutel aus dem Küchenbereich nehmen, die Sie mit einer Handpumpe vakuumieren (oder – falls Sie kein Gerät haben – die Luft mit der Hand so gut es geht ausstreichen). Damit kommen Sie gut klar, bis Sie mit dieser Technik vertraut sind – und sich vielleicht doch einen Sous-vide-Garer mit Vakuumiergerät kaufen. Rezepte zu dieser Gartechnik finden Sie auf den Seiten 27, 70 und 101.

BBQ: Grillen mit Gas oder Kohle

Der Geschmack von Gegrilltem bedient meiner Meinung nach den **siebten Geschmackssinn** des Menschen. Der Urmensch hatte zunächst süß, salzig, bitter, sauer, fettig und „umami" zur Verfügung. **Mit der Entdeckung des Feuers kam „Rauch" dazu.** Dieser Rauchgeschmack ist nicht bei jedem Gericht erwünscht. Aber da, wo er passt, liebe ich ihn!

Fleisch und Fisch

Ich lebe oft, aber nicht immer, vegetarisch. Daher gibt es auch in diesem Buch **bei 15 Rezepten eine Empfehlung für eine Fleisch- oder Fischbeilage.**

Frühling & Sommer

Meine „Hollandaise" mit Seidentofu ist eine pfiffige und schlanke
Alternative zur klassischen Sauce mit Butter und Eigelb. Sie können sie außerdem in
viele Geschmacksvarianten abändern – je nachdem, welchen Kräuteressig
oder welche Gewürze Sie verwenden.

Gebratener Spargel mit veganer Sauce Hollandaise

Für 4 Portionen

Zubereitungszeit: ca. 20 Minuten
Garzeit Spargel: ca. 10 Minuten

Für den Spargel
500 g weißer Spargel
500 g grüner Spargel
40 ml Olivenöl nativ extra

Für die Sauce
40 ml Kräuteressig
80 ml Balsamico bianco
200 ml Weißwein
2 frische Thymianzweige
1 EL Zwiebel, fein gewürfelt
1 TL schwarze Pfefferkörner,
 frisch gestoßen
200 g Seidentofu
1 EL mittelscharfer Senf
1 Prise Cayennepfeffer
100 ml Olivenöl nativ extra
Steinsalz

Kräuteressig, Balsamico, Weißwein, Thymian, Zwiebel und Pfeffer in einen
kleinen Topf geben, aufkochen und auf ein Drittel reduzieren. Dann durch ein
Sieb passieren.

Den Spargel schälen, beim grünen Spargel muss nur der untere Teil geschält
werden, die Enden abschneiden und die Spargelstangen in ca. 18 cm lange
Stücke schneiden. Die Spargelstangen beiseite stellen, Schalen und Spargelabschnitte mit 250 ml Wasser zum Kochen bringen, die Schalen mit einem Sieb
abschöpfen und entfernen, die Spargelabschnitte in der Flüssigkeit pürieren.

Seidentofu, Senf, Cayennepfeffer und die Weißwein-Reduktion in den Thermomix
geben, auf 50 °C erhitzen und fein pürieren. Nach und nach 100 ml Olivenöl
dazurühren, mit Salz abschmecken und warm halten. Falls Sie keinen Thermomix
haben, das Olivenöl im Topf auf ca. 50 °C erwärmen und langsam zu den anderen
Zutaten dazumixen (mit Moulinette oder Stabmixer).

40 ml Olivenöl in einer großen Bratpfanne erhitzen. Den Spargel ringsherum
goldgelb anbraten und mit Salz und schwarzem Pfeffer würzen. Kurz vor dem
Servieren den Spargel mit dem Spargelsud ablöschen, damit er etwas Feuchtigkeit
bekommt und richtig heiß wird. Grünen und weißen Spargel auf vier Tellern
verteilen und mit der „Hollandaise" servieren. Wer Fleisch dazu möchte, dem
empfehle ich kurz gegrillte Schweinefiletmedaillons.

Mein Küchentipp Viele Köche verderben den Spargel … immer noch. Denn
Spargel braucht kein langes Wasserbad. Da er relativ viel Fruchtzucker enthält,
bekommt er beim Braten eine schöne Farbe, einen Hauch Karamell-Geschmack
und einen knackigen Biss.

Dieses Gericht habe ich 2005 für die Bundesgartenschau in München kreiert. Thema im Deutschen Pavillon war „Biovision – die Zukunft mit und durch Pflanzen". Was uns die Natur an Genüssen schenkt, habe ich damals beim Schaukochen gezeigt.

Frittierter Spargel mit Räuchertofu und Tomaten-Parmesan-Dip

Für 4 Portionen

Zubereitungszeit: ca. 30 Minuten
Ruhezeit Dip: 15 Minuten
Garzeit Chiabattakrümel: ca. 1 Stunde
Garzeit Spargel: ca. 10 Minuten

Für den Dip
20 g getrocknete Tomaten
 (in Öl eingelegt)
½ Knoblauchzehe
100 g Mayonnaise
1 EL geriebener Parmesan
Saft ½ Zitrone

Für den Spargel
16 Stangen grüner Spargel
100 g Räuchertofu
1 TL Olivenöl
16 große Basilikumblätter

Für die Panade
60 g Ciabattabrot vom Vortag
60 g Weizenmehl Type 550
4 Eier (M)
500 g Brat-Olivenöl
Steinsalz
Pfeffer

Den Backofen auf 70 °C vorheizen. Das Ciabattabrot im Mixer grob zermahlen, auf ein Backblech legen und im Backofen ca. 1 Stunde trocknen.

Die getrockneten Tomaten und den Knoblauch in kleine Würfel schneiden und mit Mayonnaise, Parmesan und Zitronensaft verrühren, mit Salz und Pfeffer abschmecken. Den Dip mindestens 15 Minuten ziehen lassen.

Den küchenfertigen Spargel in ca. 15 cm lange Stücke schneiden. Den Tofu in grobe Würfel schneiden und im Mixer mit 1 TL Olivenöl und etwas Salz und Pfeffer cremig mixen. Die Basilikumblätter einzeln auslegen, jeweils mit etwas Tofumasse bestreichen, eine Spargelstange in die Mitte legen und das Ganze zusammenrollen.

Das Mehl in eine Schüssel geben, die Eier in einer Schüssel verquirlen und die Ciabattabrösel in eine dritte Schüssel geben. Die Spargelröllchen erst im Mehl wenden, dann ins Ei tauchen, mit Hilfe einer Gabel gut abtropfen lassen und zum Schluss in den Bröseln wenden.

Das Bratöl auf ca. 170 °C erhitzen und die Röllchen goldgelb darin ausbacken. Mit einem Schaumlöffel herausheben, auf Küchenpapier abtropfen lassen und mit dem Dip servieren.

Mein Küchentipp Für die Tofumasse nehme ich am liebsten einen Thermomix oder eine Moulinette; ein Pürierstab geht natürlich auch, ist nur etwas mühseliger. Das Brat-Olivenöl ist wärmebehandelt und kann deswegen mehrmals verwendet werden. Einfach abkühlen lassen und zurück in die Flasche geben. Wie oft wiederverwenden? Ihre Nase und Ihr Geschmackssinn sagen Ihnen das schon rechtzeitig.

Statt des Spargels können Sie auch Chinesische Keule (sie wird auch Spargelsalat genannt) probieren. Die Blätter können verwendet werden, vor allem aber der keulenartig geformte Stängel. Die Chinesische Keule schmeckt sowohl roh als auch kurz gebraten. Allerdings findet man sie bisher nicht oft auf dem Markt oder beim Gemüsehändler. Fragen Sie dennoch nach, die Nachfrage bestimmt das Angebot. Oder schauen Sie, ob Sie Jungpflanzen bekommen können, sie wächst auch im heimischen Garten sehr gut. Der Geschmack liegt zwischen Spargel, Mangold und Artischocke.

„Bratreis" vom Einkorn mit Spargel und Curry

Für 4 Portionen

Zubereitungszeit: ca. 20 Minuten
Garzeit Einkorn: ca. 35 Minuten
Garzeit Gemüse: ca. 10 Minuten

Für den „Reis"
500 g poliertes Einkorn, auch
   deutscher Reis genannt (aus dem
   Urgetreide Einkorn wurde der
   Weizen gezüchtet)
1 l rassige Gemüsebrühe (Seite 129)

Für das Gemüse
500 g weißer Spargel oder
   Chinesische Keule
150 g Zuckererbsen
1 Frühmöhre
2 Frühlingszwiebeln
6 Champignons
3 EL Bratöl Exquisit (z. B. von
   Byodo oder Asia-Bratöl)
2 Knoblauchzehen, fein geschnitten
1 Zwiebel, fein gewürfelt
1 EL mittelscharfer Curry
   (ich nehme gerne Six Pepper Curry
   von Herbaria)
Steinsalz
4 Eier (M)

Den Backofen auf 175 °C vorheizen. Das Getreide in eine feuerfeste Form mit Deckel geben und mit der Gemüsebrühe mischen. Deckel drauf und 25 Minuten garen, anschließend abkühlen lassen (dadurch trocknet es; Sie können es auch bereits einen Tag vorher kochen).

Den Spargel schälen und in schräge Stücke schneiden. (Bei der chinesischen Keule die Blätter vom Strunk entfernen und die zarten Blätter aufheben. Den Strunk schälen und in schräge Streifen schneiden.)

Die Spitzen der Zuckererbsen abschneiden, die Fäden entfernen und die Zuckererbsen in lange, schräge Streifen schneiden. Die Frühmöhre abbürsten, der Länge nach halbieren und in schräge Stücke schneiden, die Frühlingszwiebeln und die Champignons in feine Scheiben schneiden, die Frühlingszwiebeln beiseitestellen.

2 EL Bratöl Exquisit bei großer Hitze im Wok erhitzen und den Knoblauch goldgelb darin rösten, dann die Zwiebel ebenfalls goldgelb anbraten. Das ganze Gemüse (außer den Frühlingszwiebeln) dazugeben und ebenfalls kurz anbraten. Jetzt das Urgetreide hinzufügen, alles gut durchmischen und mit Curry und Steinsalz würzen.

Den Gemüsereis zum Wok-Rand schieben und das restliche Bratöl in die Wokmitte geben. Jetzt die Eier wie Spiegeleier braten – aber das Eiweiß vorsichtig mit einem Holzlöffel vom Eigelb trennen und mit dem Reis vermischen. Das Eigelb behutsam wenden und salzen.

Die Reis-Gemüsemischung auf die Teller verteilen, jeweils mit einem Eigelb belegen und mit dem Frühlingslauch bestreuen. Wer mag, kann das Gericht mit Flusskrebsfleisch ergänzen.

Mein Küchentipp Beim Bratöl Exquisit (auch Asia-Bratöl genannt) handelt es sich um Sonnenblumenöl, das mit Öl aus gerösteten Sesamkörnern vermischt ist. Es gibt dem Bratgut ein wunderbar zart-nussiges Aroma.

Beim „Sous vide" werden die Zutaten in einen Beutel im Vakuum eingeschweißt und im Wasserbad gegart. Diese sehr schonende Garmethode lässt die Möhren wunderbar bissfest werden und gleichzeitig den Geschmack der rassigen Brühe annehmen. Nach dem Abkühlen im Wasserbad können sie übrigens bis zu vier Wochen im Kühlschrank aufbewahrt werden.

Salat von gegarten Frühmöhren mit Löwenzahn und Kartoffeldressing

Für 4 Portionen

Zubereitungszeit: ca. 25 Minuten
Garzeit Möhren: ca. 90 Minuten
Garzeit Kartoffeln: ca. 20 Minuten

Für den Salat
1 kg kleinere Frühmöhren mit Grün
1 EL Blütenhonig
10 g Ingwer, grob gewürfelt
Saft ½ Zitrone
250 ml rassige Gemüsebrühe
  (Seite 129)

Für das Dressing
2 große festkochende Kartoffeln
  (evtl. vom Vortag)
2 EL mittelscharfer Senf
50 ml Sonnenblumenöl
3 EL Weißweinessig
Steinsalz
schwarzer Pfeffer, frisch aus
  der Mühle
1 EL Schnittlauch, fein geschnitten
1 Bund junger Löwenzahn

Außerdem
2 Sous-vide-Beutel, alternativ
  verschließbare Kunststoffbeutel

Die Frühmöhren mit einer Gemüsebürste gut reinigen und das Grün so abschneiden, dass 6 cm an der Möhre bleiben. Honig, Ingwer und Zitronensaft mit der Gemüsebrühe verrühren und zusammen mit den Möhren auf zwei Sous-vide-Beutel verteilen, die Luft entziehen (gegebenenfalls die Luft mit den Händen rausstreichen) und die Beutel gut verschließen.

Den Backofen auf 70 °C vorheizen. Einen breiten Topf mit ausreichend Wasser zum Kochen bringen, vom Herd nehmen und 5 Minuten stehen lassen. Die Beutel in das heiße Wasser legen und den Topf für 90 Minuten in den Backofen geben. Anschließend die Beutel aus dem Topf nehmen und in kaltes Wasser legen.

Die Kartoffeln für das Dressing schälen, 20 Minuten kochen, abkühlen lassen und klein würfeln. Den Senf in einer Schüssel langsam mit dem Öl verrühren. Essig und so viel vom Karottensud aus den Beuteln (ca. 100 ml) dazurühren, bis das Dressing schön geschmeidig ist. Die Kartoffelwürfel zugeben, mit Salz und etwas Pfeffer abschmecken. Jetzt noch den Schnittlauch in das Dressing geben.

Vier Teller mit dem Löwenzahn auslegen, die Karotten darauf verteilen und mit dem Dressing beträufeln.

Keine Lust auf kalte Füße? Dann probieren Sie dieses Gericht zum Frühstück, verfeinert mit etwas Curry und frischem Ingwer!

Bulgur mit Bärlauchpesto

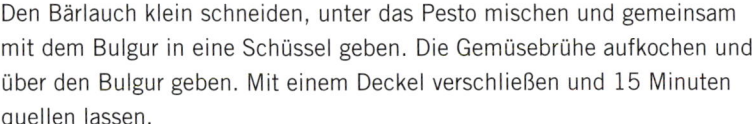

Für 4 Portionen

Zubereitungszeit: ca. 20 Minuten
Quellzeit Bulgur: ca. 15 Minuten
Garzeit Gemüse: ca. 10 Minuten

6 frische Bärlauchblätter
3 EL Kräuterpesto (Seite 130)
300 g Weizenbulgur
750 ml heimische Gemüsebrühe
  (Seite 128)
1 mittelgroße Zwiebel
4 Frühmöhren
4 Frühlingszwiebeln
4 EL Sonnenblumenöl
Steinsalz
schwarzer Pfeffer, frisch aus
  der Mühle
8 Eier (M)
2 EL Leinöl

Den Bärlauch klein schneiden, unter das Pesto mischen und gemeinsam mit dem Bulgur in eine Schüssel geben. Die Gemüsebrühe aufkochen und über den Bulgur geben. Mit einem Deckel verschließen und 15 Minuten quellen lassen.

Die Zwiebel in kleine Würfel schneiden. Die Möhren mit einer Gemüsebürste unter fließendem Wasser putzen. Anschließend das Grün abschneiden und die Möhren in kleine Würfel, die Frühlingszwiebeln in feine, schräge Streifen schneiden.

2 EL Sonnenblumenöl in einer Bratpfanne erhitzen und die Zwiebelwürfel bei mittlerer Hitze glasig anbraten. Die Möhrenwürfel dazugeben und ca. 3 Minuten mit anbraten. Bulgur dazugeben und alles mit Salz und Pfeffer gut abschmecken.

Den Bulgur zum Rand schieben, das restliche Sonnenblumenöl in die Pfanne geben und nacheinander jeweils 2 Spiegeleier in der Pfannenmitte braten. Mit einem Pfannenwender das Eiweiß vorsichtig vom Eigelb trennen und zum Bulgur schieben. Das Eigelb vorsichtig wenden, sodass es nicht ausläuft. Sobald die Eigelbe beidseitig gebraten sind – und trotzdem einen flüssigen Kern haben – auf das Bulgur setzen und so warm halten.

Den Gemüse-Bulgur auf vier Tellern anrichten, mit den Frühlingszwiebeln bestreuen und mit Leinöl beträufeln. Jetzt noch mit je zwei Spiegeleigelb garnieren.

Mein Küchentipp Das Gemüse können Sie – je nach Saison – durch andere Gemüsesorten ersetzen.

Hier garen wir „en Papillote". Das bedeutet, das Gargut in Folie oder Ähnliches einzupacken. So entsteht Dampf, in dem die Zutaten schonend erhitzt werden. Nebeneffekt für Genießer: Wenn die Päckchen geöffnet werden, kitzeln die Gerüche in schönster Vorfreude Nase und Geschmacksnerven.

BBQ-Frühlingsgemüse mit kleinen Kartoffeln „en Papillote"

Für 4 Portionen

Zubereitungszeit: ca. 25 Minuten
Marinierzeit: ca. 30 Minuten
Grillzeit Kartoffeln: ca. 30 Minuten
Grillzeit Gemüse: ca. 15 Minuten
Grillzeit Päckchen: ca. 10 Minuten

Für das Gemüse

200 g Fenchelknolle
200 g Frühmöhren
200 g Zucchini
200 g rote Zwiebeln
200 g Lauch
500 g kleine Frühkartoffeln
  (Babykartoffeln)
2 EL Olivenöl
4 Rosmarinzweige
1 Bund Brunnenkresse,
  davon die Blätter

Für den Quark

250 g Speisequark
1 Zwiebel, klein gewürfelt
100 g Crème fraîche
1 EL Balsamico bianco
1 EL Bärlauch, in Streifen
  geschnitten
Steinsalz
schwarzer Pfeffer, frisch aus
  der Mühle

Den BBQ-Grill auf ca. 260 °C vorheizen. Das Gemüse waschen und in grobe Stücke schneiden, damit es nicht durch den Grillrost rutscht. Die Kartoffeln gut waschen, einzeln in Alufolie wickeln, 30 Minuten auf dem Grill backen und auskühlen lassen.

Das Gemüse in einer Schüssel mit Salz und Pfeffer würzen und 30 Minuten ziehen lassen. Den Gemüsesaft abgießen, das Gemüse gleichmäßig auf dem Grillrost verteilen und ca. 15 Minuten grillen. Dabei immer wieder wenden.

Quark, Zwiebel, Crème fraîche, Balsamico und Bärlauch verrühren und mit Salz und Pfeffer abschmecken.

Das Gemüse mit Olivenöl vermischen, abkühlen lassen und in kleinere Stücke schneiden. Die Kartoffeln vierteln und unter das Gemüse mischen.

Das Gemüse auf vier Blätter Pergamentpapier verteilen, jeweils einen Rosmarinzweig darauflegen, den Quark darauf verteilen und die Päckchen zubinden. Noch mal ca. 10 Minuten bei 200 °C im geschlossenen Grill indirekt grillen. Vor dem Servieren mit der Brunnenkresse bestreuen.

Mein Küchentipp Rauch ist für mich der siebte unserer sieben Geschmackssinne. Sieben? Richtig, denn der Urmensch hatte neben süß, salzig, bitter, sauer und fettig noch „umami" in seiner Geschmackswelt. Als er dann das Feuer entdeckte, kam rauchig dazu. Für mich ein wichtiger Geschmackssinn, den ich immer dann einsetze, wenn er passt. Und bei Gemüse im BBQ-Grill gegart passt er perfekt.

Es gibt noch echte Abenteuer bei der Zubereitung von Nahrung.
„Raw Food", also Rohkost, ist so eins. Nein wirklich, ich habe das ein halbes Jahr
ausprobiert und diese enzymreiche Ernährung ist nicht nur schmackhaft und spannend,
sondern richtig kreativ! Kreativität allerdings muss auch sein, sonst wird „Raw Food"
schnell langweilig. Bei diesem Gericht z. B. sorgen reife Gemüsesorten
(mit hoher Brixzahl) für ein Geschmacksfeuerwerk im Mund. Dazu ein bisschen Schärfe,
ein bisschen Exotik – und Sie knacken jeden Rohkostverächter.

Gefüllte Gurkenröllchen auf Blumenkohl mit Curryöl

Für 4 Portionen

Zubereitungszeit: ca. 35 Minuten
Ruhezeit Curryöl: ca. 2 Stunden
Marinierzeit Blumenkohl: ca. 15 Min.

Für das Curryöl
50 ml Olivenöl nativ
1 EL mittelscharfer Curry

Für den Blumenkohl
1 Kopf Blumenkohl
10 g sonnengetrocknete Rosinen
1 EL Blattpetersilie, in Streifen
  geschnitten
50 ml Olivenöl nativ
Saft ½ Zitrone
Steinsalz
schwarzer Pfeffer, frisch aus
  der Mühle

Für die Röllchen
2 Salatgurken
1 Avocado
2 Frühmöhren
1 Zucchini
2 Stangen Staudensellerie
½ TL frischer Ingwer,
  fein geschnitten
Saft ½ Zitrone
2 EL Sesamöl nativ
50 g Radieschensprossen
1 Bund Schnittlauch (optional)

50 ml Olivenöl und Curry verrühren, ca. 2 Stunden ziehen lassen,
dann durch ein feines Sieb passieren und kalt stellen.

Den Blumenkohl in kleine Röschen schneiden. Mit Rosinen, Petersilie, Olivenöl
und der Hälfte des Zitronensafts mischen, mit Salz und Pfeffer abschmecken.

Die Gurken der Länge nach in ca. 12 dünne Scheiben schneiden, am besten
mit einem Sparschäler. Die Scheiben beidseitig leicht salzen und auf ein
Küchentuch legen. Die Avocado schälen und in ca. 8 cm lange Streifen schneiden.
Die Möhren putzen und in ca. 8 cm lange dünne Stifte schneiden. Zucchini und
Staudensellerie ebenfalls in ca. 8 cm lange Streifen schneiden.

Die Gemüsestreifen mit Ingwer, Zitronensaft, Sesamöl und den Radieschensprossen vermischen. Das Gemüse auf die Gurkenscheiben verteilen und
zusammenrollen. Die Röllchen eventuell mit Schnittlauch zusammenbinden
(wer mag, kann das Thema Raw Food konsequent durchziehen und den Schnittlauch kurz draußen in die Sonne legen – vorausgesetzt, sie scheint. Das macht
ihn biegsam und „bindungsfähig". Die übliche „kurz in heißes Wasser tauchen"-
Variante geht natürlich auch).

Den Blumenkohl auf vier Teller verteilen, jeweils drei Gemüseröllchen darauf-
setzen und mit dem Curryöl beträufeln.

Das ist eines meiner Lieblingsrezepte. Weil es 5 von
7 Geschmacksrichtungen auf meiner Geschmackstabelle abdeckt: bitter, sauer,
süß, salzig und fettig. Fehlen nur noch rauchig und „umami" bis zur vollen
Punktzahl. Und das erreichen Sie, indem Sie dieses Rezept mit Tofu-Rührei
(siehe unten) kombinieren.

Glasierter Chicorée an mediterraner Vinaigrette

Für 4 Portionen

Zubereitungszeit: ca. 30 Minuten
Ruhezeit Vinaigrette: ca. 10 Minuten
Garzeit Chicorée: ca. 15 Minuten

Für die Vinaigrette
1 mittelgroße Zwiebel
1 Knoblauchzehe
100 g Kartoffeln
200 g Fenchelknolle
50 g Lauch
120 ml Olivenöl
200 ml mediterrane Gemüsebrühe
  (Seite 129)
3-4 Safranfäden
6 Fenchelsamen
Steinsalz
schwarzer Pfeffer, frisch aus der Mühle
3 EL Balsamico bianco
1 TL Zucker

Für das Gemüse
6 große Chicorée
3 EL Olivenöl
200 ml mediterrane Gemüsebrühe
  (Seite 129)
2 EL Blütenhonig
4 frische Thymianzweige

Zwiebel, Knoblauch, Kartoffeln, Fenchel und Lauch in kleine Würfel schneiden.

100 ml Olivenöl im Topf erhitzen, Zwiebel dazugeben und glasig anschwitzen.
Knoblauch, Kartoffel, Fenchel und Lauch dazugeben und 3 Minuten mit
anschwitzen. Mit 200 ml Gemüsebrühe ablöschen und Safran und Fenchelsamen zufügen. Noch mal 4 Minuten köcheln, dann vom Herd nehmen und
etwas ziehen lassen.

Den Backofen auf 150 °C vorheizen. Die Chicorée der Länge nach halbieren.
3 EL Olivenöl in einer großen Bratpfanne erhitzen und alle Chicorée-Hälften mit
der Schnittfläche nach unten goldgelb anbraten.

Die Hälften dicht nebeneinander in eine Kasserolle legen. Die Bratreste in
der Pfanne mit der Gemüsebrühe ablöschen, Honig und Thymianzweige dazugeben und kurz aufkochen. Die Gemüsebrühe über den Chicorée gießen und
die Kasserolle noch mal für 5 Minuten in den Ofen geben.

Die Vinaigrette mit Salz, Pfeffer, Balsamico und Zucker abschmecken und
das restliche Olivenöl dazurühren. Die Chicorée-Hälften mit der möglichst
noch warmen Vinaigrette servieren.

Mein Küchentipp Für das Tofu-Rührei schwitzen Sie eine kleine Zwiebel, klein
gewürfelt, in 1 EL Olivenöl glasig an. Geben eine klein gewürfelte Karotte dazu
und dünsten diese ebenfalls kurz an. Dann geben Sie 200 g zerbröselten
geräucherten Tofu hinzu. Mit 2 EL rassiger Gemüsebrühe ablöschen und auf
Rühreikonsistenz einköcheln lassen. Mit mittelscharfem Curry, Steinsalz und
schwarzem Pfeffer aus der Mühle abschmecken.

Dieses Rezept ist von den Gorillas im afrikanischen Urwald inspiriert.
Das kam so: Ich durfte vor ein paar Jahren an einem Projekt in Berlin teilnehmen.
Das Restaurant „Gorilla" suchte nach richtig schmackhaften vegetarischen
Gerichten. Gorillas sind nämlich die größten und kräftigsten Tiere im Urwald, ernähren sich
aber nur von Pflanzen. Das finde ich bemerkenswert und habe deswegen ein
Gericht kreiert, das mit frischen saisonalen und regionalen Zutaten ein Höchstmaß an
Genuss bringt. Genießen wie die Gorillas sozusagen …

Suppe von Frühlingsgemüse mit gehobelten Steinchampignons und Bergkäse

Für 4 Portionen

Zubereitungszeit: ca. 20 Minuten
Einweichzeit: über Nacht
Garzeit Bohnen: ca. 45 Minuten
Garzeit Gemüse: ca. 15 Minuten

100 g Borlottibohnen
  (Wachtelbohnen)
125 g Frühmöhren
80 g Staudensellerie
100 g Porree (Lauch)
½ Kopf Spitzkohl
60 g Zucchini
½ Kopf Brokkoli
½ Kopf Blumenkohl
1 mittelgroße Zwiebel
3 EL Olivenöl
1½ l heimische Gemüsebrühe
  (Seite 128)
Steinsalz
schwarzer Pfeffer, frisch aus
  der Mühle
60 g Steinchampignons
60 g Bergkäse, mindestens
  6 Monate gereift

Die Bohnen über Nacht einweichen. Die eingeweichten Bohnen in frisches
Wasser geben und 40 Minuten kochen, dann das Wasser ordentlich salzen
und die Bohnen darin weitere 5 Minuten köcheln lassen. Die Bohnen abgießen und abkühlen lassen (dabei trocknen sie).

Möhren, Sellerie, Lauch, Spitzkohl und Zucchini in ca. 2 x 2 cm große
Würfel schneiden. Brokkoli und Blumenkohl jeweils in kleine Röschen
schneiden, die Strünke schälen und in Würfel schneiden. Die Zwiebel
klein würfeln.

Das Olivenöl bei mittlerer Hitze im Topf erhitzen, Zwiebelwürfel darin glasig
anschwitzen. Das Gemüse dazugeben und ca. 5 Minuten unter ständigem
Rühren braten. Mit der Brühe aufgießen und 10 Minuten köcheln.

Die Suppe mit Salz und Pfeffer würzen und auf vier tiefe Teller verteilen.
Mit einem Hobel feine Champignon-Scheiben hineinschneiden. Den Bergkäse fein reiben und ebenfalls über die Suppe streuen. Sofort, frisch und
heiß genießen.

Die Mairübe ist ein bisschen in Vergessenheit geraten. Das ist schade,
denn mit ihr verbinde ich wunderschöne Kindheitserinnerungen. Meine Eltern hatten
Mairüben auf dem Feld und meine Mutter machte daraus ein feines Püree,
kombiniert mit Spätzle und leicht scharfen Bratwürsten. Dieses Gratin, verfeinert mit
Sahne und rauchigem Käse, dazu der leicht scharfe Rucola, das erinnert mich sehr
an den Geschmack von damals.

Gratin von Mairüben und Frühkartoffeln mit Scamorza

Für 4 Portionen

Zubereitungszeit: ca. 20 Minuten
Ruhezeit: ca. 5 Minuten
Garzeit: ca. 30 Minuten

Für das Gratin
500 g kleine bis mittelgroße
    Mairüben
500 g mittelgroße Frühkartoffeln
200 g Frühmöhren
1 EL Butter
200 g mediterrane Gemüsebrühe
    (Seite 129)
250 g Sahne
Steinsalz
schwarzer Pfeffer, frisch aus
    der Mühle
3 frische Zweige Thymian
2 frische Zweige Rosmarin
150 g Scamorza
150 g Rucola

Den Backofen auf 175 °C vorheizen. Mairüben und Kartoffeln schälen,
in dünne Scheiben hobeln und leicht salzen. Die Frühmöhren abbürsten,
in Streifen schneiden und unter die Mairüben und Kartoffeln mischen.

Eine feuerfeste Auflaufform mit Butter ausfetten. Gemüsebrühe und
Sahne verrühren und mit Salz und Pfeffer abschmecken.

Die Gemüsemischung in der Auflaufform gleichmäßig verteilen, die
Sahne-Brühe-Mischung dazugeben und die Kräuterzweige darauflegen.
Das Gratin in den Backofen geben und 20 Minuten garen. Dann die
Kräuterzweige entfernen, das Gratin mit geriebenem Scamorza bestreuen
und weitere 10 Minuten backen.

Den Rucola waschen, trocknen und fein schneiden. Das fertige Gratin
auf vier Teller aufteilen, den Rucola darübergeben und sofort servieren.

Ein einfaches Gericht, das schnell und nur in einem Topf
zubereitet werden kann. Der Pasta-Sud ist schon die halbe Miete für die Sauce,
aber gebunden mit Parmesan wird das Ganze sensationell lecker, wobei
die Tomaten für die Konsistenz wie auch für die Süße sorgen.

One-Pot-Fettucine mit frischem Spinat, Tomaten und Parmesan

Für 4 Portionen

Zubereitungszeit: ca. 15 Minuten
Garzeiten: ca. 15 Minuten

500 g frischer Spinat
1 Knoblauchzehe
2 Stangen Frühlingszwiebeln
50 g Butter
Steinsalz
schwarzer Pfeffer, frisch aus
  der Mühle
500 g Fettucine
50 ml Olivenöl
1 EL Sesamsamen
400 ml passierte Tomaten
70 g geriebener Parmesan

Den Spinat waschen und abtropfen lassen, den Knoblauch in feine Würfel
schneiden. Die Frühlingszwiebeln in feine Streifen schneiden.

Die Butter in einem Topf erhitzen und den Knoblauch darin leicht anbraten.
Den Spinat dazugeben und ständig rühren, bis er zusammengefallen ist, dann mit
Salz und Pfeffer abschmecken. Den Spinat sofort auf einem Backblech auslegen,
damit er schnell abkühlen kann – den Topf zur Seite stellen.

Einen großen Topf mit Wasser und Salz zum Kochen bringen und die Fettucine
nach Packungsanleitung bissfest kochen. Rund 100 ml vom Pasta-Sud abschöpfen und beiseitestellen, die Nudeln abseihen, das Sieb mit den Nudeln
in den heißen Topf hängen, den Deckel auflegen und die Pasta so warm halten.

Das Olivenöl im Spinattopf erhitzen und die Sesamsamen darin goldgelb rösten.
Die passierten Tomaten dazugeben und kurz aufkochen lassen, dann die noch
heißen Fettucine und den Spinat hinzufügen. Jetzt den Parmesan und so viel vom
Pasta-Sud einrühren, bis die Sauce sämig wird. Noch mal abschmecken.

Die Pasta auf vier Teller verteilen, mit den Frühlingszwiebeln bestreuen
und servieren.

Mein Küchentipp Tomaten im Frühling? Natürlich, ich möchte doch nicht
bis zum Sommer warten, bis Tomaten Saison haben. Klar, zur Ernte im
Sommer erreichen sie die höchste Brixzahl – und genau dann werden sie
für die restliche Zeit des Jahres eingemacht. So haben es schon unsere
Großeltern gehalten.

Mit meinem Bayerisch Sushi habe ich seinerzeit als Küchenchef im Bioland-Restaurant Fürstenfelder die Herzen der Vegetarier erobert. Sie hatten mich gebeten, für sie „auch mal was Kreatives" zu machen. Bis dahin hatte ich mir tatsächlich wenig Gedanken über vegetarische Gerichte gemacht. Die Mischung aus heimischen Zutaten mit dem asiatischen Touch hat das „Bayerisch Sushi" dann über das Fürstenfelder hinaus berühmt gemacht.

Bayerisch Sushi mit hausgemachtem Wasabi

Für 4 Portionen

Zubereitungszeit: ca. 35 Minuten
Ruhezeit Kartoffeln: ca. 10 Minuten
Garzeit Kartoffel-Reis: ca. 10 Minuten

Für die Sushi
1 roter Rettich
2 kg Frühkartoffeln
1 EL Steinsalz
2 EL Zucker
4 EL Balsamico bianco
4 große grüne Mangoldblätter
4 EL Sojasauce

Für das Wasabi
1 Stange Meerrettich
1 Bund Sauerampfer
weißer Pfeffer, frisch gemahlen
Saft ½ Zitrone

Außerdem
Thermomix, Vitamix oder
  Moulinette
Bambusmatte zum Sushirollen

Rettich und Meerrettich schälen, waschen, putzen. Den Rettich in Stifte, den Meerrettich in kleine Würfel schneiden.

Die Kartoffeln schälen. Kaltes Wasser in eine Schüssel geben und die Kartoffeln mit der groben Seite einer Kastenreibe ins Wasser reiben und ca. 10 Minuten stehen lassen – in dieser Zeit soll sich die Kartoffelstärke am Boden absetzen. Die geriebenen Kartoffeln aus dem Wasser nehmen, das Wasser vorsichtig abgießen und die Schüssel mit der Stärke beiseitestellen.

Salz, Zucker und Balsamico verrühren, bis sich Zucker und Salz aufgelöst haben.

Den „Kartoffel-Reis" in einen Topf geben und knapp mit Wasser bedecken, leicht salzen und unter ständigem Rühren zum Kochen bringen. Wenn das Wasser verdampft ist und die Masse langsam sämig wird, den Topf kurz vom Herd nehmen. Jetzt die Kartoffelstärke einrühren und noch mal kurz aufkochen. Die Essig-Zucker-Salzmischung unterrühren und die Masse auskühlen lassen.

Die Mangoldblätter kurz in kochendem Salzwasser blanchieren und sofort in kaltem Wasser abkühlen, dann auf einem Küchentuch trocknen lassen.

Für das „Wasabi" die Meerrettichwürfel und den Sauerampfer in einen Mixer geben und fein pürieren. Mit Salz, Pfeffer und Zitronensaft abschmecken.

Je ein abgetrocknetes Mangoldblatt auf die Bambusmatte auslegen und mit etwas Kartoffelmasse bestreichen. In die Mitte eine Art Straße aus Rettichstiften legen und das Ganze mit der Bambusmatte zusammenrollen. Dabei mit der einen Hand rollen, mit der anderen den Inhalt zusammendrücken. Die Rollen in Scheiben schneiden und mit etwas „Wasabi" und Sojasauce servieren. Wer mag, kann die Sushis noch mit hauchdünn geschnittenen Saiblings- oder Lachsforellenfilets belegen.

Mein Küchentipp Einen roten Rettich mehr einkaufen, schälen und in ca. 5 cm dicke Scheiben schneiden. Mit einem Kugelausstecher etwas aushöhlen und darin die Sojasauce servieren.

Wahrscheinlich kommt es durch meine amerikanischen Wurzeln, aber auf gegrillte Sandwiches möchte ich niemals verzichten! Wie sonst bekommt man all diese wunderbaren Geschmäcker im Mund zusammen? Es kommt wie so oft auf die Zutaten an und für dieses Rezept habe ich ein paar ganz spezielle ausgesucht …

Gegrillte Sandwiches mit gewürztem Frischkäse, gebackenen Tomaten und Feigensenf

Für 4 Portionen

Zubereitungszeit: ca. 15 Minuten
Garzeit: ca. 10 Minuten

Für die Tomaten
6 Strauchtomaten
2 EL Olivenöl
Steinsalz
schwarzer Pfeffer, frisch aus
  der Mühle
1 EL Petersilie, fein geschnitten
1 TL Thymian, fein geschnitten

Für die Sandwiches
225 g Frischkäse
2 EL Sauerrahm
1 EL Schnittlauch, fein geschnitten
2 EL geriebener Parmesan
4 Ciabattabrötchen
2 EL Olivenöl

Außerdem
3 EL Feigensenf
100 g Rucola, fein geschnitten
1 rote Zwiebel, in feine Scheiben
  geschnitten

Den Backofen auf 190 °C vorheizen. Die Tomaten halbieren und die Schnittseiten mit 2 EL Olivenöl bestreichen, salzen, pfeffern und mit den Kräutern bestreuen.

Die Tomaten mit der Schnittseite nach unten auf ein Backblech legen und 8 Minuten bei 190 °C im Ofen grillen.

Frischkäse und Sauerrahm in einer Schüssel verrühren, Schnittlauch und Parmesan unterheben und mit Salz und Pfeffer abschmecken.

Die Ciabattabrötchen der Länge nach aufschneiden. Die Schnittflächen im Olivenöl in der Pfanne kurz anbraten und anschließend mit dem Frischkäseaufstrich bestreichen.

Eine Hälfte der Brötchen mit 3 halben, noch warmen Tomaten belegen, die andere Hälfte mit Feigensenf, Rucola und Zwiebelscheiben. Die Brote zusammenklappen und sofort genießen.

Dieses Gericht habe ich im Sommer 2012 kreiert, als die Nachfrage nach glutenfreien Gerichten groß war. Davon abgesehen sollte der mediterrane Genuss im Sommer nicht zu kurz kommen. Das Gericht kann als warmer Salat gemacht werden — oder mit Kirschtomaten als Fingerfood. Das sieht klasse aus, Ihre Gäste werden staunen.

Rispentomaten mit Couscous, Rucola und Pinienkernen

Für 4 Portionen

Zubereitungszeit: ca. 30 Minuten
Quellzeit Couscous: ca. 20 Minuten
Garzeit: ca. 15 Minuten

Für das Couscous
200 g Mais-Couscous
300 g mediterrane Gemüsebrühe
    (Seite 129)
6 große Basilikumblätter,
    fein geschnitten
½ Zucchini, klein gewürfelt
Steinsalz
schwarzer Pfeffer, frisch aus
    der Mühle
1 EL Olivenöl nativ extra

Für die Tomaten
12 mittelgroße Strauchtomaten
    an der Rispe
2 EL Olivenöl nativ extra
2 Thymianzweige
2 Rosmarinzweige
1 EL Pinienkerne

Außerdem
200 g Rucola
4 EL Balsamico-Creme
Saft 1 Zitrone
3 EL Olivenöl nativ extra

Gemüse und Salat waschen, die Rispentomaten dabei nicht von der Rispe lösen.

Den Couscous in eine Schüssel geben, die Gemüsebrühe aufkochen, dazugeben und durchrühren. Die Schüssel abdecken und 20 Minuten quellen lassen. Basilikum und Zucchini zugeben und mit Salz, Pfeffer und 1 EL Olivenöl würzen.

Die Tomaten oben so abschneiden, dass die Tomatendeckel an der Rispe bleiben. Die Tomaten auslöffeln und das Innere aufbewahren. Die Innenseiten der Tomaten mit Salz und Pfeffer würzen. Die Couscous-Mischung bis über den Rand in die Tomaten füllen und die jeweiligen Deckel aufsetzen.

Den Backofen auf 170 °C vorheizen. In einer hohen Bratpfanne 2 EL Olivenöl und die Kräuter erhitzen. Die Pinienkerne dazugeben. Die Tomaten in die Pfanne stellen und die Pfanne im vorgeheizten Ofen ca. 15 Minuten garen. Zwischendurch die Tomaten mit dem Olivenöl übergießen.

Vier Teller mit Rucola auslegen und mit der Balsamico-Creme beträufeln. Die Tomaten vorsichtig aus der Pfanne heben und auf den Rucola setzen, die Pinienkerne ebenfalls aufteilen. Das aufbewahrte Tomatenfruchtfleisch in die Pfanne geben und etwas einkochen lassen. Zitronensaft und Olivenöl dazugeben und mit Salz und Pfeffer würzen. Diese Marinade über den Rucola geben und sofort servieren.

Eine außergewöhnlich Mischung, oder? Aber genau richtig, wenn Ihnen im Sommer Tomaten, Rucola und Co. zu den Ohren raushängen. Die kühle Melone, der süße Fenchel und der rassige Roquefort gehen hier eine interessante und erfrischende Verbindung ein.

Salat von Honigmelone, Fenchel und Pfirsich mit Roquefort und Wassermelonen-Schaum

Für 4 Portionen

Zubereitungszeit: ca. 20 Minuten
Ruhezeit Melonenschaum: ca. 10 Min.

2 junge Fenchelknollen
1 Frühlingszwiebel
200 g Honigmelone
2 reife Pfirsiche
1 rote Zwiebel
100 g Roquefort
5 Stück Fenchelsamen
2 EL Olivenöl nativ extra
2 TL Lemon Balsamico
  (z. B. von Byodo, Bioladen)
Steinsalz
schwarzer Pfeffer, frisch aus
  der Mühle
200 g Wassermelone

Den Fenchel in kleine Würfel schneiden, das Grün fein schneiden und beiseitelegen.

Lauchzwiebel in feine, schräge Scheiben schneiden. Honigmelone schälen und in dünne Scheiben schneiden. Die Pfirsiche entsteinen und das Fruchtfleisch in feine Streifen schneiden. Die Zwiebel in Ringe und den Roquefort in kleine Würfel schneiden.

Fenchelwürfel, Fenchelsamen, Frühlingszwiebel, Olivenöl und Lemon Balsamico in eine Schüssel geben, verrühren und mit Salz und Pfeffer abschmecken.

Die Wassermelone entkernen, in einen Mixer geben und auf höchster Stufe ca. 2 Minuten pürieren. Anschließend 10 Minuten stehen lassen.

Auf vier Tellern erst Honigmelone, dann rote Zwiebeln, dann Pfirsiche aufschichten. Diese Türmchen mit Roquefort und fein geschnittenem Fenchelgrün garnieren und die Fenchelmarinade darüberträufeln.

Vor dem Servieren den Schaum, der sich auf der Wassermelonen-Flüssigkeit abgesetzt hat, abschöpfen und auf den Salat legen.

Quesadillas sind eine meiner großen Leidenschaften. Viele Deutsche kennen sie nur von der Imbissbude oder von der Speisekarte beim Mexikaner. Dabei sind sie so vielfältig einsetzbar. Eigentlich können Sie fast alles reinpacken, was der Kühlschrank an Resten hergibt. Feinen Käse und eine scharfe Sauce dazu, damit die Fladen beim Backen oder Grillen zusammenhalten, und fertig ist ein wahres Genusspaket.

BBQ-Quesadilla mit geröstetem Mais, Paprika und Avocado

Für 4 Portionen

Zubereitungszeit: ca. 30 Minuten
Ruhezeit: ca. 20 Minuten
Garzeit Mais: ca. 20 Minuten
Grillzeit Gemüse: ca. 10 Minuten
Grillzeit Quesadillas: ca. 8 Minuten

Für die Quesadillas
4 Maiskolben
3 EL Zucker
Steinsalz
2 rote Paprika
1 Jalapeño Chili
2 süße Gemüsezwiebeln
2 reife Avocados
schwarzer Pfeffer, frisch aus
   der Mühle
1 EL frischer Koriander,
   fein geschnitten
4 Vollkorn-Weizentortillas
400 g Reibekäse
1 EL Olivenöl nativ extra

Für den Limettenschmand
500 g Schmand
Saft 1 Limette

Die Maiskolben von den Hüllblättern befreien. In einem breiten Topf 3 Liter Wasser, Zucker und 1 EL Salz zum Kochen bringen. Die Maiskolben 20 Minuten zugedeckt darin leicht köcheln lassen.

Paprika und Chili halbieren und die Kerngehäuse entfernen. Leicht salzen und 20 Minuten ruhen lassen. Die Zwiebeln in dicke Scheiben schneiden.

Den BBQ-Grill auf 250 °C vorheizen. Mais, Paprika, Chili und Zwiebelscheiben auf den Grill legen und ringsherum anbräunen. Die Maiskörner vom Kolben schneiden und in eine Schüssel geben.

Paprika und Chili in Streifen schneiden und zum Mais geben. Die Zwiebel ebenfalls in Würfel schneiden und dazugeben.

Die Avocados schälen, in kleine Stücke schneiden und unter das Gemüse mischen. Das Ganze mit etwas Salz, Pfeffer und Koriander würzen.

Schmand und Limettensaft verrühren und beiseitestellen. Die Weizentortillas auslegen und die Hälfte des Reibekäses darauf verteilen. Das Gemüse auf die vier Tortillas aufteilen und mit dem restlichen Käse bestreuen. Tortillas wie Halbmonde zusammenklappen und mit Olivenöl bestreichen.

Die fertigen Quesadillas 3 bis 4 Minuten auf jeder Seite goldgelb grillen und mit dem Schmand servieren. Dazu passt ein medium gegrilltes Ribeye Black Angus Steak.

Diese „Spareribs" habe ich oft bei Workshops
für Köche eingesetzt und immer wieder für Schmunzeln gesorgt ...

Vegetarische „Spareribs" mit BBQ-Sauce und Kohlrabisalat

Für 4 Portionen

Zubereitungszeit: ca. 40 Minuten
Ruhezeit: ca. 20 Minuten
Kochzeit „Steaks": ca. 10 Minuten
Grillzeit „Steaks": ca. 10 Minuten

Für den Salat

500 g Kohlrabi
2 EL Sonnenblumenöl
2 EL Mandeln, grob gestoßen
50 g Shiitake-Pilze, in feine
   Scheiben geschnitten
1 EL scharfer Senf
1 TL Feigensenf
3 EL Walnussöl
Saft 1 Zitrone
Steinsalz
weißer Pfeffer, frisch gemahlen
100 g Himbeeren
1 Schale Gartenkresse

Für die Spareribs

4 Soja Big Steaks à 500 g
   (Bio- oder Veganladen)
1 l rassige Gemüsebrühe (Seite 129)
1 EL Rauchsalz (Gewürzhandel oder
   Bioladen)
2 EL Tomatenmark (z. B. von
   Rapunzel, La Selva, Byodo)
2 EL Sojasauce
1 EL Steakgewürz (ich nehme gerne
   Tangospice von Herbaria)
2 EL Sonnenblumenöl
500 g BBQ-Sauce (z.B. von Dirty Harry)

Die Kohlrabi schälen und in 2 x 2 cm große Würfel schneiden, in eine große Schüssel geben. Das Sonnenblumenöl in einer Bratpfanne erhitzen, Mandeln dazugeben und goldgelb rösten. Die Shiitake-Pilze hinzufügen, kurz anbraten und alles zum Kohlrabi geben.

Die Senfsorten mit dem Walnussöl verrühren, Zitronensaft dazurühren und mit Salz und Pfeffer abschmecken. Das Dressing zum Kohlrabisalat geben und ordentlich mischen. Den Salat mit Himbeeren und Gartenkresse garnieren.

Die Sojasteaks mit kochend heißem Wasser überbrühen und 20 Minuten im Wasser ziehen lassen. Den BBQ-Grill auf 220 °C vorheizen. Die Steaks abgießen, kräftig auspressen und wiederholt mit kochend heißem Wasser übergießen (so wird der Sojageschmack ausgewaschen). In ein Sieb legen, mit heißem Wasser abspülen und wieder gut auspressen.

Die Gemüsebrühe mit Rauchsalz, Tomatenmark und Sojasauce aufkochen. Die ausgepressten Steaks dazugeben und 10 Minuten mitkochen. Die Steaks herausnehmen und die Feuchtigkeit auspressen. Die Steaks wie Rippchen einschneiden, mit Steakgewürz würzen und mit dem Sonnenblumenöl einpinseln. Beidseitig goldgelb grillen. Beidseitig mit etwas BBQ-Sauce einpinseln und bei geschlossenem Deckel ca. 10 Minuten grillen. Mit der restlichen BBQ-Sauce und dem Kohlrabisalat servieren.

Bernhard Fleischmann, Radiomoderator von Bayern 3, hat die Veggie-Bags beim Campen entwickelt und im Lauf der Zeit hunderte Varianten ausprobiert. Das einfache Prinzip: Eine Stilrichtung auswählen, bei der die Zutaten geschmacklich zusammen-passen – und rein mit den Zutaten in Alufolie und auf den Grill oder in den Ofen. So richtig vorstellen konnte ich mir das zuerst nicht, aber nach diversen Versuchen in unserer „Chaotenküche" war ich überzeugt: Der Typ und seine Veggie-Bags sind cool!

Fleischis Veggie-Bags

Für 4 Portionen

Zubereitungszeit: ca. 40 Minuten
Garzeit Bohnen: 45 Minuten
Garzeit Bags: ca. 10 Minuten

200 g Vollkorn-Spirelli
200 g Gnocchi (evtl. Gnocchetti Sardi)
50 g Borlottibohnen
50 g schwarze Oliven, kernlos
3 Paprika
1 Fenchelknolle
2 EL Olivenöl nativ extra
8 sehr reife Kirschtomaten
6 Steinchampignons
120 g Scamorza, gerieben
Steinsalz
schwarzer Pfeffer, frisch
  aus der Mühle
8 frische Thymianzweige
200 g Ricotta
1 Topf Basilikum

Spirelli und Gnocchi bissfest kochen. Die Bohnen weich kochen. Die Oliven in Scheiben, die drei Paprika in Würfel (ca. 2 cm) und den Fenchel in Streifen schneiden.

Kugelgrill oder Backofen auf 200 °C vorheizen. Pasta, Gnocchi, Bohnen, Oliven und 1 EL Olivenöl vermischen. Die Kirschtomaten vierteln, die Champignons achteln und zusammen mit Paprika, Fenchel und geriebenem Scamorza unter die Pasta mischen und mit Salz und Pfeffer würzen.

8 Stücke Alufolie oder Kochpapier (etwa 30 x 30 cm) auslegen. Die Gemüse-Pasta-Mischung daraufverteilen, Thymianzweige darauflegen und mit 1 EL Olivenöl beträufeln. Jetzt noch den Ricotta auf die Beutel verteilen, Basilikumblätter darauflegen und die Beutel möglichst luftdicht verschließen. Die Bags auf den Grill (oder in den Ofen) legen, Deckel schließen und ca. 10 Minuten garen.

Mein Küchentipp Fleischis Veggie-Bags folgen letztlich einer klaren Strategie: Gegarte Kohlenhydrate plus eine Gemüsekombination – geschmacklich aufeinan-der abgestimmt. Dazu eine Kräuter- bzw. Gewürzkomponente und etwas Sämiges wie Frischkäse oder andere festere Molkereiprodukte. Wichtig ist nur, sich für EINE Stilrichtung zu entscheiden: Heimisch, rassig oder mediterran. Ach so, fast hätte ich Fleischis einzige Bedingung vergessen, dieses Rezept veröffentlichen zu dürfen: „A bisserl a Hackfleisch g'hert oiwei nei!" (Ein bisschen Hackfleisch gehört immer dazu!")

Hier ein paar Beispiele für andere Kombinationen
Bayerisch: Brezen, Sauerkraut, Obatzda, Kümmel, süßer Senf
Rassig: Kichererbsen, Kürbis, Blumenkohl, Tahine, Schafskäse, frischer Koriander
Heimisch: Kartoffeln, Weißkohl, Radieschensprossen, Kohlrabi, Schnittlauch, Kräuterquark

Gazpacho ist der spanische Klassiker für heiße Sommertage. Mir schmeckt diese maurische Variante besser als die später entwickelte andalusische mit Paprika und Tomate. Der intensive Dillgeschmack in Kombination mit Gurke, Mandel und Knoblauch sorgt für einen klaren, kühlen Genuss. Ich finde es schade, dass diese Kaltschalen ein bisschen aus der Mode gekommen sind, aber wie heißt es so schön: Mode kommt und geht, Stil bleibt.

Gazpacho von Gurken, Mandeln und Crème fraîche mit Knoblauch-Crostini

Für 4 Portionen

Zubereitungszeit: ca. 20 Minuten
Ruhezeit Dillöl: 12 – 48 Stunden
Bratzeit Crostini: ca. 5 Minuten

Für das Dillöl
20 g Dill
Steinsalz
50 ml Sonnenblumenöl

Für die Gazpacho
2 Salatgurken
220 g geschälte Mandeln
2 Knoblauchzehen, fein geschnitten
250 g Crème fraîche
100 ml Olivenöl nativ extra
50 ml Balsamico bianco
schwarzer Pfeffer, frisch
  aus der Mühle

Außerdem
2 EL Butterschmalz
8 dünne Scheiben Baguette
1 EL Mandelöl
  (z. B. von Byodo, Bioladen)

Den Dill in kochendem Salzwasser 10 Sekunden blanchieren, in kaltem Wasser abschrecken und gut trocknen.

Mit dem Sonnenblumenöl fein mörsern und das Öl mindestens 12 Stunden ziehen lassen. Dann durch ein Tuch passieren.

Gurken, Mandeln, die Hälfte des Knoblauchs, Crème fraîche, Olivenöl und Balsamico im Mixer fein pürieren, mit Salz und Pfeffer würzen, durch ein Sieb passieren und kalt stellen.

Das Butterschmalz mit der anderen Hälfte des Knoblauchs in der Pfanne erhitzen. Die Baguettescheiben darin beidseitig goldgelb backen.

Die kalte Suppe auf vier Teller aufteilen und mit dem Mandel- und Dillöl beträufeln. Dazu die Knoblauch-Crostini reichen.

Gegrillte Maisbrot-Sandwiches mit Ochsenherztomaten, Scamorza und Gemüse-Relish

Für 4 Portionen

Zubereitungszeit: ca. 20 Minuten
Grillzeit: ca. 10 Minuten

Für das Relish
1 EL Blattpetersilie
2 EL Perlzwiebeln
1 Zwiebel
100 g Gewürzgurken
1 Stange Staudensellerie
1 rote Paprika
3 EL Mangosenf
Steinsalz
schwarzer Pfeffer, frisch
  aus der Mühle
2 EL Balsamico bianco

Für die Sandwiches
1 Kopf Eisbergsalat
8 Scheiben Maisbrot
  (alternativ Vollkorntoast)
4 EL Olivenöl nativ extra
2 Ochsenherztomaten, in jeweils
  8 dicke Scheiben geschnitten
350 g Scamorza, in Scheiben
  geschnitten

Petersilie und Perlzwiebeln fein schneiden, Zwiebel, Gurke, Sellerie und Paprika fein würfeln. Den Kugelgrill auf ca. 250 °C vorheizen (siehe Küchentipp).

Mangosenf, Blattpetersilie, Perlzwiebeln, Zwiebel-, Gurken-, Sellerie- und Paprikawürfel verrühren. Mit Salz, Pfeffer und Balsamico abschmecken. Das Relish beiseitestellen.

Den Eisbergsalat waschen, in große Stücke rupfen und trocken schleudern. Die Brotscheiben mit Olivenöl bepinseln und auf dem Grillrost von beiden Seiten goldgelb braten.

Vier Brotscheiben mit Tomaten und Scamorza belegen und im Grill bei geschlossenem Deckel ca. 4 Minuten indirekt grillen. Die anderen vier Scheiben mit etwas Relish bestreichen und mit Eisbergsalat belegen. Die Sandwiches zusammenlegen und sofort mit dem restlichen Gemüse-Relish servieren.

Mein Küchentipp Wer keinen Kugelgrill hat, kann diese Sandwiches trotzdem machen – eine Bratpfanne geht genauso. Beim Schmelzen einfach den Deckel aufsetzen. So oder so: Wichtig ist die Qualität von Tomaten und Maisbrot, dann erleben Sie puren Grillgenuss.

Sommerzeit ist Einmachzeit. Damit aber im Herbst und Winter außer Kohl und Wurzelgemüse noch andere Leckereien auf den Tisch kommen, muss im Sommer gut geplant werden. Und wer mit dem Einmach-Spaß angefangen hat, kann nie wieder damit aufhören. Wenn auch noch Freunde und Familie mitmachen, ist die Vielfalt im Regal bald riesengroß. Jeder hat seine Spezialitäten, jeder seine Lieblingsrezepte. Über solche selbst gemachten Mitbringsel freue ich mich tausendmal mehr als über teuer Gekauftes.

Ingwer-Wasabi-Gurken

Für 4 Portionen

Zubereitungszeit: ca. 20 Minuten
Garzeit: ca. 2 Minuten
Einkochzeit: ca. 3 Minuten

6 mittelgroße Einmachgurken
½ l Wasser
125 ml Balsamico bianco
125 ml Weißweinessig
250 g Zucker
50 g Steinsalz
5 g gelbe Senfkörner
5 g Wasabipulver
20 g schwarzer Pfeffer,
   im Mörser zerstoßen
25 g frischer Ingwer

Außerdem
Einmachgläser

Die Gurken waschen und ringsherum mit einem Spieß einstechen.

Alle anderen Zutaten in einem Topf aufkochen. Die Gurken dazugeben und 2 Minuten mitkochen. Gurken mit einer Zange aus dem Sud nehmen und hochkant in sterile Einmachgläser stellen.

Den Sud abkühlen lassen und über die Gurken gießen, bis die Gläser vollständig mit Sud gefüllt sind, dann die Gläser verschließen.

Einen Topf ca. 10 cm hoch mit Wasser füllen und es zum Kochen bringen. Die Gurkengläser auf dem Kopf in den Topf stellen und 3 Minuten kochen lassen.

Anschließend die Gläser aus dem Topf nehmen und auf dem Kopf stehend auskühlen lassen.

Mein Küchentipp Diese Gurken schmecken zu jeder Brotzeit und wir lieben sie auch als Snack zwischendurch.

Beim Wandern oder beim Baden am See – wo andere nur picknicken,
packe ich mit meinen vier Mädels gerne die Paella-Pfanne aus. Dann noch die Zutaten,
Gaskocher, Schneidebrett und Messer raus aus dem Rucksack und los geht`s.
Weil wir alle direkt aus der Pfanne essen, sparen wir uns immerhin das Geschirr.
Für Mitwanderer oder -badende ist das meist ein herrlicher Anblick.
Natürlich werden wir oft gefragt, ob wir nicht eine oder zwei Portionen
verkaufen können. Eine meiner Töchter hat daraus schon eine Geschäftsidee entwickelt...
tja, ganz der Papa.

Sommerliche Gemüsepaella

Für 4 Portionen

Zubereitungszeit: ca. 30 Minuten
Ruhezeit: ca. 20 Minuten
Garzeit: ca. 45 Minuten

½ Aubergine
1 kleine Zucchini
1 rote Paprika
1 grüne Paprika
1 gelbe Paprika
1 Bund farbiger Mangold
100 g Zuckerschoten
500 g Steinchampignons
4 EL Olivenöl nativ extra
1 Zwiebel, in kleine
    Würfel geschnitten
2 Knoblauchzehen,
    klein geschnitten
½ kleine Chili, klein gewürfelt
250 g Langkornreis
500 ml mediterrane Gemüsebrühe
    (Seite 129)
5 Safranfäden
Steinsalz
schwarzer Pfeffer, frisch
    aus der Mühle

Aubergine, Zucchini und Paprika in 2 x 2 cm große Würfel schneiden.
Die Aubergine leicht salzen und 20 Minuten ziehen lassen. Den Mangold-
Strunk in kleine Würfel, die Mangold-Blätter in feine Streifen schneiden.
Die Spitzen von den Zuckerschoten abschneiden, die Fäden ziehen und die
Schoten in feine, lange Streifen schneiden. Mangoldblätter und Zuckerschoten
beiseitestellen. Die Champignons in Scheiben schneiden.

2 EL Olivenöl in einem großen, flachen Topf oder einer Paellapfanne
erhitzen. Die Zwiebelwürfel darin glasig anschwitzen. Knoblauch und Chili
dazugeben und ebenfalls anschwitzen.

Den Reis dazugeben und glasig dünsten. Das Gemüse (bis auf die Mangold-
blätter und Zuckerschoten) dazugeben, ca. 5 Minuten mitbraten, dann
Gemüsebrühe und Safran dazugeben und aufkochen lassen. Ordentlich mit
Salz und Pfeffer würzen und zugedeckt ca. 30 Minuten leicht köcheln lassen.

Mangoldblätter und Zuckerschoten einstreuen und die Paella ca. 5 Minuten
zugedeckt dämpfen lassen. Jetzt noch mit etwas frisch gemahlenem Pfeffer
bestreuen, mit dem restlichen Olivenöl beträufeln und genießen. Wer auf
Fleisch nicht verzichten möchte, kann Hähnchenfleisch oder Garnelen zugeben.

Mein Küchentipp Natürlich weiß ich, dass die klassische Paella mit Rundkornreis gekocht wird. Aber: Ich mag die Variante mit Langkornreis lieber,
weil erfahrungsgemäß die Augen immer größer sind als der Appetit. Und im
Vergleich zu einer mit Rundkornreis gekochten Paella schmeckt diese
auch am nächsten Tag aufgewärmt noch richtig gut.

So schmeckt der Sommer: Die wunderbaren Aromen – frisch aus dem eigenen Garten oder vom Bauern um die Ecke – sind pures Sommergefühl auf der Zunge. Wie frisch gemähtes Gras oder getrocknetes Heu in der Nase ... Dieses Gericht können Sie heiß, aber auch gekühlt servieren.

Ratatouille mit hausgemachter Focaccia

Für 4 Portionen

Zubereitungszeit: ca. 40 Minuten
Ruhezeit Focaccia: ca. 60 Minuten
Ruhezeit Aubergine: ca. 20 Minuten
Backzeit: ca. 30 Minuten
Garzeit: ca. 15 Minuten

Für die Focaccia

17 g frische Hefe
250 ml warmes Wasser
400 g Weizenmehl Type 550
10 g Steinsalz
50 ml + 4 EL Olivenöl nativ extra
1 EL Rosmarinnadeln, grob geschnitten

Für die Ratatouille

100 g Aubergine
Steinsalz
100 g Zwiebel
1 rote Paprika
1 gelbe Paprika
1 grüne Paprika
100 g reife Romatomaten
2 Knoblauchzehen
2 Zucchini
100 ml Olivenöl nativ extra
3 frische Thymianzweige
3 frische Rosmarinzweige
2 EL Tomatenmark
1 l passierte Tomaten
schwarzer Pfeffer, frisch aus der Mühle
½ TL Zitronenabrieb
2 EL Blattpetersilie, grob geschnitten

Den Backofen auf 180 °C vorheizen. Die Hefe im warmen Wasser auflösen. Mehl und Salz in eine Schüssel geben, eine Mulde in der Mitte machen und die Hefe-Flüssigkeit hinein gießen. Etwas Mehl vom Rand in die Flüssigkeit einarbeiten, das Ganze zu einem Teig vermengen und 30 Minuten zugedeckt gehen lassen.

Nachdem der Teig aufgegangen ist, 50 ml Olivenöl einrühren und noch mal gehen lassen. Den Teig in ein mit Olivenöl bestrichenes Backblech geben (er sollte ca. 1½ cm hoch sein), mit 2 EL Olivenöl bestreichen und mit Rosmarin bestreuen. Noch mal gehen lassen und ca. 30 Minuten goldgelb backen.

Die Aubergine grob würfeln, mit etwas Salz bestreuen und 20 Minuten ziehen lassen.

Zwiebel, Paprika und Romatomaten grob würfeln, die Knoblauchzehen fein schneiden, die Zucchini in Scheiben schneiden. Das Olivenöl in einem Topf erhitzen, Zwiebelwürfel und Knoblauch darin 4 Minuten glasig anschwitzen. Paprika dazugeben und weitere 4 Minuten mitbraten.

Die Auberginenwürfel abtropfen lassen. Zucchini, Aubergine und die Kräuter in den Topf geben und 3 Minuten braten. Tomatenmark, passierte Tomaten und Tomatenwürfel dazurühren und aufkochen lassen. Weitere 4 Minuten köcheln und mit Steinsalz, Pfeffer und Zitronenabrieb würzen. Mit Petersilie bestreut heiß oder kalt mit Focaccia servieren.

Mein Küchentipp Die Focaccia sollten Sie unbedingt mal in einem Kugel-BBQ-Grill backen statt im Backofen. Der leichte Rauchgeschmack gibt das gewisse Extra ...

Diese Art Caesar-Salat ist sicherlich weit vom Original entfernt.
Es hat aber Spaß gemacht, Geschmack und Konsistenz zu variieren und den originalen
Zutaten anzupassen. Das Rezept ist erst mal eine vegetarische Variante.
Man könnte den Parmesan durch eine vegane Alternative mit Nüssen und Hefeextrakt
ersetzen. Für mich steht aber der Genuss im Vordergrund und,
ehrlich gesagt, habe ich noch keine vergleichbaren veganen Produkte gefunden.

Salat von Romanaherzen mit Caesar-Dressing, Radieschen und „Auberginen-Speck"

Für 4 Portionen

Zubereitungszeit: ca. 30 Minuten
Ruhezeit Aubergine: ca. 20 Minuten
Garzeit Speck: ca. 5 Minuten

Für den „Speck"
1 dünne, lange Aubergine
1 EL Rauchsalz (Gewürzhandel)
1 EL Olivenöl nativ extra

Für das Dressing
150 g Mayonnaise
Saft ½ Zitrone
1 Knoblauchzehe, fein geschnitten
1 EL Worcestershiresauce
1 TL Dijonsenf
1 EL Weißweinessig
2 TL fein geriebener Parmesan
Steinsalz
schwarzer Pfeffer, frisch aus
   der Mühle

Für den Salat
2 EL Butter
8 Scheiben Baguette
6 Romanaherzen
4 EL gehobelter Parmesan
8 Radieschen, in Scheiben geschnitten
12 Kirschtomaten, geviertelt

Die Aubergine der Länge nach in ca. 3 mm dicke Scheiben schneiden (am besten mit einem Sparschäler). Die Scheiben beidseitig mit dem Rauchsalz würzen und auf einem Gitter 20 Minuten „ausbluten" lassen. Dann abtupfen und auf der Grillplatte oder in einer Bratpfanne mit Olivenöl goldgelb braten und warm halten.

Für das Dressing Mayonnaise, Zitronensaft, Knoblauch, Worcestershiresauce, Senf, Essig und geriebenen Parmesan verrühren. Mit Salz und Pfeffer abschmecken.

Die Butter in einer großen Bratpfanne erhitzen und leicht salzen. Die Baguette-scheiben in die Pfanne geben und unter stetigem Wenden goldgelb und knusprig braten. Anschließend in Würfel schneiden.

Die Romanaherzen der Länge nach vierteln und in ca. 8 cm lange Abschnitte schneiden. Die Abschnitte in 1 cm lange Streifen schneiden. Den Salat auf vier Teller verteilen. Mit dem Dressing beträufeln. Gehobelten Parmesan, Croûtons und Radieschen darauf verteilen und zum Schluss Kirschtomaten und Auberginen-Speck darauflegen.

Mein Küchentipp Ich empfehle für dieses Gericht die echte Worcestershire-sauce. Sie unterscheidet sich von Nachahmerprodukten dadurch, dass sie keine Sojasauce als Basis hat – und das „shire" im Namen behalten hat. Und: Sie schmeckt einfach anders, besser, würziger.

Der asiatischen Küche kann ich nicht widerstehen, seit ich sie während
meiner Zeit auf der MS Europa kennengelernt habe. So viele Geschmackserlebnisse!
Und wie die Menschen dort mit wenigen Zutaten so vieles auf den Teller
zaubern können, das fasziniert mich bis heute. Dieses Rezept ist meine Referenz
an Geschmack und Vitalität der asiatischen Küche.

Soba-Buchweizennudeln mit Hoisinsauce und Sommergemüse

Für 4 Portionen

Zubereitungszeit: ca. 30 Minuten
Garzeit Hoisinsauce: ca. 10 Minuten
Garzeit Gericht: ca. 10 Minuten

Für die Sauce

2 EL Sonnenblumenöl
3 Knoblauchzehen, fein geschnitten
50 g Zwiebel, fein gewürfelt
120 g Sojasauce
50 g Erdnussmus
50 g Blütenhonig
35 g Balsamico bianco
1 Prise scharfer Curry

Für das Gemüse

250 g Pak Choi
1 rote Zwiebel
3 Möhren
100 g Steinchampignons
1 gelbe Paprika
1 rote Paprika
100 g Zuckerschoten
1 Bund Lauchzwiebeln
500 g Soba-Buchweizennudeln
   (Asialaden)
4 EL geröstetes Sesamöl
50 g Cashewbruch

Das Sonnenblumenöl in einer Pfanne erhitzen und die Hälfte des
Knoblauchs goldgelb anbraten, dann die Zwiebelwürfel dazugeben.
Beides 5 Minuten anschwitzen, dann Sojasauce, Erdnussmus, Blütenhonig, Balsamico und Curry dazurühren. Alles in einen Standmixer
geben und fein pürieren.

Pak Choi und die Zwiebel in Streifen, die Möhren in Stifte und die
Champignons in Scheiben schneiden, die Paprika würfeln. Bei den
Zuckerschoten die Spitzen abschneiden, die Fäden entfernen und nach
Belieben klein schneiden. Die Lauchzwiebeln in feine Scheiben
schneiden. Die rote Zwiebel und die Lauchzwiebeln beiseitestellen.

Die Buchweizennudeln nach Verpackungsangabe kochen, abschütten
und mit 2 EL Sesamöl vermischen, damit sie nicht verkleben.

Das restliche Sesamöl im Wok erhitzen. Das Gemüse (bis auf die
rote Zwiebel, den restlichen Knoblauch und die Lauchzwiebeln) dazugeben und bei hoher Hitze sehr oft schwenken. Nach 4 Minuten die
rote Zwiebel und den restlichen Knoblauch dazugeben. Nach 2 Minuten
mit der Hoisinsauce ablöschen, die Nudeln dazugeben und alles
ordentlich schwenken.

Kurz aufkochen lassen und auf vier Teller verteilen. Die Lauchzwiebeln
und die Cashewnüsse darüberstreuen.

Als das „Sous-vide-Garen", das Vakuumgaren, aufkam, habe ich auch erst
mal die Luft angehalten: Endlich war sanftes Garen bei niedrigen Temperaturen möglich,
ohne Verlust von Geschmacks- oder Inhaltsstoffen. Gleichzeitig intensiviert
das Vakuumgaren den Eigengeschmack von Fleisch oder Gemüse, wie ich es nicht für möglich
gehalten hätte. Es ist ein bisschen aufwendig, ja, aber wenn Sie etwas
Außergewöhnliches probieren möchten … machen Sie es!

Bretonische Artischocken mit frittiertem Ei und warmer Kräutervinaigrette

Für 4 Portionen

Zubereitungszeit: ca. 40 Minuten
Ruhezeit: mind. 2 Stunden
Garzeit Artischocken: ca. 80 Minuten

4 bretonische Artischocken

Für die Marinade
2 Zitronen
100 ml Olivenöl nativ extra
2 Knoblauchzehen
Steinsalz
schwarzer Pfeffer, frisch aus der Mühle

Für die Vinaigrette
200 ml mediterrane Gemüsebrühe
  (Seite 129)
1 Zwiebel, fein gewürfelt
1 EL Estragon, fein geschnitten
1 EL Schnittlauch, fein geschnitten
1 EL Petersilie, fein geschnitten
100 ml Kräuteressig
140 ml Sonnenblumenöl nativ
1 TL Zucker

Für die Eier
4 Eier (M)
500 ml Brat-Olivenöl

Außerdem
Sous-vide-Beutel
Vakuumgerät

Für die Marinade die Zitronen in Scheiben schneiden und mit Olivenöl, Knoblauch, Salz und Pfeffer verrühren. Die Artischocken putzen (oben und unten jeweils 2 cm abschneiden und die äußeren Blätter entfernen). Sofort in die Marinade geben und ordentlich wenden.

Die Marinade zusammen mit den vier Artischocken in einen Sous-vide-Beutel geben. Sollte der Beutel nicht reichen, auf zwei Beutel aufteilen. Wenn alle vier Artischocken im Beutel nebeneinander stehen, die Luft entziehen und mindestens 2 Stunden ziehen lassen.

Den Backofen auf 85 °C vorheizen. In einem großen Topf Wasser zum Kochen bringen, vom Herd nehmen, die Artischocken-Beutel hineinlegen und den Topf ohne Deckel 80 Minuten im Ofen garen.

Nebenbei für die Vinaigrette die Gemüsebrühe im Topf erhitzen. Die Zwiebelwürfel kurz darin köcheln lassen, rausschöpfen und mit den Kräutern in eine Schüssel geben. Den Essig in die Brühe rühren und auf Zimmertemperatur abkühlen lassen. Öl einrühren, dann die Kräuter und die Zwiebelwürfel. Mit Salz, Pfeffer und Zucker abschmecken.

Wasser zum Kochen bringen, die Eier vorsichtig einlegen und 4 Minuten kochen lassen. Kalt abschrecken und kalt werden lassen. Die Eier pellen und auf einem Küchentuch abtropfen lassen. Brat-Olivenöl auf 175 °C erhitzen und darin die Eier goldgelb backen.

Die noch warmen Artischocken aus den Beuteln holen und auf vier Teller verteilen. Blätter und Barthaare oben in der Mitte entfernen, je ein frittiertes Ei in die Mitte setzen und die Artischocken mit der Vinaigrette servieren.

Mein Küchentipp Sie kennen Artischocken nur aus der Antipasti-Vitrine beim Italiener? Das müssen wir ändern. Klar, es dauert ein bisschen, Artischocken frisch zuzubereiten, aber ich finde, es lohnt sich ungemein!

Herbst & Winter

Topinambur habe ich als 18-Jähriger kennengelernt, als ich gerade
frisch in Deutschland angekommen war. An einem Stammtisch im Schwarzwald gab
es Topinambur-Schnaps – und ich wunderte mich sehr, wo ich da gelandet war.
Später habe ich die Wurzel in Zermatt in einem Gericht verarbeitet und bin dabei darauf
gekommen, dass sie auch in nicht-flüssiger Form fantastisch schmeckt.
Trotzdem, wenn ich die Verwandtschaft im Schwarzwald besuche, frage ich gleich
nach dem „Topinambur-Borbel". Ein Spirituosen-Geheimtipp ...

Reiberdatschi von Topinambur mit Frühäpfeln und Ziegenfrischkäse

Für 4 Portionen

Zubereitungszeit: ca. 40 Minuten
Bratzeit Reiberdatschi: ca. 15 Minuten
Backzeit: ca. 10 Minuten

Für die Reiberdatschi

1 kg Topinambur
400 g mehlige Kartoffeln
3 Stangen Lauchzwiebeln, in feine
   Scheiben geschnitten
2-3 EL zarte Dinkelflocken
1 Ei
Steinsalz
schwarzer Pfeffer, frisch
   aus der Mühle
½ TL gerebelter Thymian
3 EL Ghee (Seite 130)

Für die Türmchen

8 Apfelscheiben mit Schale,
   ca. 1 cm dick
400 g Ziegenfrischkäse
1 EL milde Chiliflocken
100 g Mizuna-Salat (alternativ Baby-
   leaf-Salat, auch Pflücksalat genannt)
Saft ½ Zitrone
3 EL natives Sonnenblumenöl
4 EL Honigsenf

Topinambur und Kartoffeln schälen, durch eine Kastenreibe reiben und mit
Lauchzwiebeln, Dinkelflocken und Ei ordentlich vermischen. Mit Salz, Pfeffer
und Thymian abschmecken. Aus dieser Masse 12 Reiberdatschi formen
und im Ghee golbgelb braten. Anschließend auf ein Gitter legen.

Den Backofen auf 180 °C vorheizen. Auf einem Backblech vier Türmchen
aufschichten: abwechselnd aus Reiberdatschi, Apfelscheibe, 1 EL Ziegenfrischkäse und einer Prise Chiliflocken. Auf den obersten Reiberdatschi den
restlichen Ziegenkäse und die Chiliflocken setzen. Das Ganze für 10 Minuten
in den Backofen geben.

Vier Teller mit dem Salat auslegen und ihn mit Zitronensaft und Sonnenblumenöl beträufeln. Darauf die Türmchen setzen und alles mit einem
Klecks Honigsenf servieren.

Mein Küchentipp Der Mizuna-Salat ist einfach etwas Besonderes.
Das Aussehen erinnert an Rucola und der Geschmack an Senfsprossen.
Das Interessante an diesem Asia-Salat ist, dass er fast ganzjährig an-
gebaut werden kann, schnell wächst und die äußeren Blätter, wie beim
Mangold, mehrfach geerntet werden können.

Diese Art Gemüseküche ist es, was ich am Herbst so mag. Vielleicht liegt bei Ihnen im Herbst auch immer etwas Wurzelgemüse herum. Dann können Sie mit ein paar mediterranen Kräutern als Zutat auch Ihre Gäste mit diesem einfachen Gericht überraschen.

Provenzalischer Linseneintopf mit Salbei und Räuchertofu

Für 4 Portionen

Zubereitungszeit: ca. 20 Minuten
Garzeit Suppe: ca. 30 Minuten

100 g Zwiebel
2 Knoblauchzehen
50 g Möhren
50 g Sellerie
50 g Lauch
50 g Pastinake
100 g Süßkartoffel
5 EL Olivenöl nativ extra
½ TL gerebelter Rosmarin
½ TL gerebelter Thymian
250 g braune Tellerlinsen
2 EL Tomatenmark
1,2 l mediterrane Gemüsebrühe
   (Seite 129)
2 Lorbeerblätter
Steinsalz
schwarzer Pfeffer, frisch
   aus der Mühle
100 ml Aceto Balsamico di Modena
100 g Räuchertofu, in Scheiben
   geschnitten
½ TL frischer Salbei, fein
   geschnitten

Zwiebel und Knoblauch schälen. Die Zwiebel fein würfeln, den Knoblauch fein schneiden. Möhre, Sellerie, Lauch, Pastinake und Süßkartoffel in kleine Würfel schneiden (ca. 1 x 1 cm).

3 EL Olivenöl im Topf erhitzen. Die Zwiebelwürfel darin glasig anschwitzen, dann Knoblauch, Rosmarin und Thymian zugeben. Das Gemüse (bis auf die Süßkartoffel) dazugeben und alles ca. 4 Minuten anbraten.

Die Linsen zufügen, kurz mitbraten – anschließend das Tomatenmark einrühren und kurz anrösten. Alles mit Gemüsebrühe ablöschen, dann Lorbeerblätter und Süßkartoffel in den Topf geben. Die Suppe ca. 30 Minuten kochen, bis die Linsen weich sind – mit Salz, Pfeffer und Balsamico abschmecken.

Die Tofuscheiben auf die Suppe legen und zugedeckt bei kleiner Flamme 5 Minuten warm werden lassen.

Den Eintopf auf vier Teller verteilen, mit Salbei bestreuen und mit dem restlichen Olivenöl beträufeln. Wem der Sinn nach Fleisch steht, kann den Räuchertofu durch eine in Scheiben gebratene Salciccia-Bratwurst ersetzen.

Gemeinsam mit der Firma Byodo aus Mühldorf gebe ich
seit einigen Jahren Workshops für Koch-Kolleginnen und -Kollegen mit dem Ziel,
sie mit exquisiten Bio-Lebensmitteln und nachhaltigen Ernährungsansätzen
auf neue Ideen zu bringen. Bio für Genießer! Dieses Rezept ist ein Beispiel,
wie lecker das sein kann.

Drei-Käse-Lasagne mit getrockneten Tomaten und Spinat

Für 4 Portionen

Zubereitungszeit: ca. 30 Minuten
Backzeit: ca. 45 Minuten

1 Zwiebel
2 Knoblauchzehen
500 g küchenfertiger Spinat
2 EL Blattpetersilie
3 EL frisches Basilikum
100 g getrocknete Tomaten
3 EL Olivenöl nativ extra
Steinsalz
schwarzer Pfeffer,
  frisch aus der Mühle
600 g Ricotta
500 g Mascarpone
250 g Lasagneblätter
500 g Scamorza
500 g passierte Tomaten
1 TL gerebelter Thymian

Zwiebel und Knoblauch schälen und fein würfeln. Den Spinat waschen, putzen und abtropfen lassen. Die Kräuter fein schneiden. Die getrockneten Tomaten in Streifen schneiden.

2 EL Olivenöl im Topf erhitzen und die Zwiebelwürfel darin glasig anschwitzen. Spinat dazugeben und so lange rühren, bis er zusammengefallen ist. Mit Salz und Pfeffer würzen und sofort auf einem Blech auslegen, damit er schnell abkühlen kann.

Ricotta mit Petersilie und Basilikum verrühren und mit Salz und Pfeffer würzen. Mascarpone mit Knoblauch und den getrockneten Tomaten verrühren und mit Salz und Pfeffer abschmecken.

Den Backofen auf 175 °C vorheizen. Eine Auflaufform mit Olivenöl auspinseln. Eine Schicht Mascarpone aufstreichen, darauf eine Schicht Lasagneblätter. Es folgt eine Lage Ricottamasse, dann eine Lage Spinat, darauf erneut Mascarpone. Den Scamorza reiben und auf den Mascarpone streuen. So weiter verfahren, bis die letzte Schicht mit Scamorza bedeckt ist. Die Lasagne 45 Minuten backen. Wer mag, kann noch in Streifen geschnittenen geräucherten Wildlachs in der Lasagne ergänzen.

Die passierten Tomaten kurz aufkochen und mit Salz, Pfeffer und Thymian abschmecken. Die Lasagne portionieren und auf der Tomatensauce servieren.

Die blauen Kartoffel machen einfach gute Laune, aber natürlich können Sie die Chips auch mit hellen Kartoffeln zubereiten.

Kartoffel-Lauchgemüse mit blauen Kartoffelchips und gehobelten Egerlingen

Für 4 Portionen

Zubereitungszeit: ca. 20 Minuten
Backzeit Kartoffeln: ca. 30 Minuten
Garzeit Gemüse: ca. 15 Minuten

Für die Chips
100 g blaue Kartoffeln
   (z. B. Blauer Schwede, alternativ
   festkochende Kartoffeln)
500 ml Brat-Olivenöl
Steinsalz

Für das Gemüse
8 große festkochende Kartoffeln
2 Stangen Lauch
100 g Sahne
2 EL Butter
1 EL Balsamico bianco
schwarzer Pfeffer, frisch aus
   der Mühle
6 frische Egerlinge
2 EL Schnittlauch, fein geschnitten

Die blauen Kartoffeln gut abbürsten und mit einem Küchenhobel in ½ cm dicke Scheiben schneiden, auf Küchenpapier abtrocknen lassen.

Das Brat-Olivenöl auf ca. 175 °C erhitzen und die Scheiben darin ca. 1 Minute frittieren. Mit einem Schaumlöffel herausheben und auf Küchenpapier abtropfen lassen. Den Vorgang wiederholen, damit die Chips knusprig werden. Leicht salzen und beiseitestellen.

Den Backofen auf 180 °C vorheizen. Die Kartoffeln gut waschen und im Backofen 30 Minuten backen. Leicht auskühlen lassen, schälen und in 2 cm dünne Rauten schneiden.

Den gewaschenen Lauch ebenfalls in Rauten schneiden, dafür die Stange der Länge nach vierteln und die Viertel schräg in kleine Stücke schneiden. Die Sahne schlagen. Die Butter in einer Pfanne erhitzen, Kartoffel- und Lauchrauten hineingeben und goldgelb braten. Mit Balsamico ablöschen und mit Salz und Pfeffer abschmecken. Kurz vor dem Servieren die geschlagene Sahne zugeben und alles kurz in der Pfanne aufschäumen lassen.

Das Lauchgemüse auf vier Teller verteilen und die Pilze frisch darüberhobeln. Mit Schnittlauch und den Chips bestreuen und sofort servieren. Lecker schmeckt hierzu ein auf der Haut gegrilltes Zanderfilet.

Mein Küchentipp Nehmen Sie doch öfter mal blaue Kartoffeln! Die Chips sind nur EIN Beispiel dafür, was man damit machen kann. Die Farbe schwächt sich allerdings ab, wenn die Chips zu lange gebacken werden. Deshalb wird diese uralte Kartoffelsorte auch meist mit Schale gekocht und anschließend geschält. Übrigens: Auch als Püree sind blaue Kartoffeln eine Augenweide!

Produkte aus Lupinen sind für mich endlich mal ein würdiger Proteinersatz für Fleisch. Erstens wegen der Konsistenz und zweitens, weil diese Hülsenfrüchte hervorragend bei uns wachsen.

Blumenkohl-Lupinen-Ragout mit Kichererbsen auf gehobeltem Fenchel

Für 4 Portionen

Zubereitungszeit: ca. 30 Minuten
Einweichszeit: über Nacht
Garzeit Kichererbsen: ca. 45 Minuten
Garzeit Ragout: ca. 20 Minuten

250 g Kichererbsen, weich gekocht
1 Blumenkohl
3 Möhren
100 g Staudensellerie
1 Gemüsezwiebel
3 Knoblauchzehen
3 EL Ghee (Seite 130)
Steinsalz
schwarzer Pfeffer, frisch aus
  der Mühle
2 EL mittelscharfer Curry
  (oder Stromboli Fire Curry
  von Herbaria)
300 g stückige Tomaten
  (Fertigprodukt)
200 ml rassige Gemüsebrühe
  (Seite 129)
250 g Lupinen-Geschnetzeltes,
  natur („Veggi-meat",
  Bioladen oder Supermarkt)
2 junge Fenchelknollen
2 EL Zitronenöl

Die Kichererbsen über Nacht einweichen. Das Einweichwasser weggießen und die Kichererbsen 40 Minuten in frischem Wasser kochen, dann salzen und weitere 5 Minuten köcheln lassen. Gut abgießen und abkühlen lassen.

Den Blumenkohl in kleine Röschen schneiden, den Strunk schälen und in kleine Scheiben schneiden. Die Möhren abbürsten, der Länge nach halbieren und in schräge Stücke schneiden. Die Staudensellerie in kleine Stücke schneiden, Gemüsezwiebel und Knoblauch fein würfeln.

Ghee im Wok oder in einer Pfanne erhitzen und Zwiebeln und Knoblauch darin glasig anschwitzen. Blumenkohl dazugeben und ringsherum anbraten. Karotten und Sellerie zufügen und mit Salz und Pfeffer würzen. Curry kurz mitbraten – und dann mit Tomaten und Gemüsebrühe ablöschen. Kichererbsen und Lupinen-Geschnetzeltes zugeben, 5 Minuten kochen und mit Salz und Pfeffer würzen

Das Grün von den Fenchelknollen abschneiden und aufbewahren, die Knollen dünn hobeln und auf vier Teller verteilen, den Fenchel mit Zitronenöl beträufeln. Das Ragout darauf verteilen und mit dem Fenchelgrün garnieren.

*Diese Wirsingrouladen am besten mit Sauerkraut
und mittelscharfem Senf servieren.*

Wirsingrouladen mit Knollensellerie- und Brezelfüllung

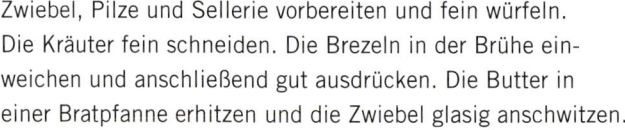

Für 4 Portionen

Zubereitungszeit: ca. 30 Minuten
Garzeit: ca. 40 Minuten

1 mittelgroße Zwiebel
100 g Champignons
200 g Knollensellerie
1 EL Blattpetersilie
1 EL Schnittlauch
1 EL Majoran
250 g Laugenbrezeln vom Vortag
50 ml heimische Gemüsebrühe
  (Seite 128)
1 EL Butter
3 Eier (M)
Steinsalz
schwarzer Pfeffer, frisch aus der Mühle
4 große grüne Wirsingblätter

Zwiebel, Pilze und Sellerie vorbereiten und fein würfeln. Die Kräuter fein schneiden. Die Brezeln in der Brühe einweichen und anschließend gut ausdrücken. Die Butter in einer Bratpfanne erhitzen und die Zwiebel glasig anschwitzen.

Champignons und Sellerie dazugeben und so lange anbraten, bis keine Flüssigkeit mehr da ist. Das Ganze zur Brezelmasse geben und Eier und Kräuter untermischen. Alles gut vermischen und mit Salz und Pfeffer abschmecken.

Die Wirsingblätter kurz in kochendem, gut gesalzenem Wasser blanchieren und mit kaltem Wasser abschrecken. Vier große Blätter auf Frischhaltefolie ausbreiten, die Brezelmasse darauf verteilen und die Wirsingblätter mit der Folie zusammenrollen.

Alle Rollen auf ein großes Stück Alufolie legen und diese Folie noch mal zusammenrollen.

In einem Topf Wasser zum Sieden bringen, das Rollen-Paket hineingeben und ca. 30 Minuten garen. Die Rollen auspacken und sofort servieren. Wer es noch deftiger und mit Fleisch mag, dem empfehle ich eine Bauernbratwurst zu diesem Gericht.

In meinem Unternehmen Bio–Kontor 7 bieten wir auch Schulverpflegung an.
Ab und zu kitzeln wir die Geschmacksnerven unserer Kunden, der Kinder, ein bisschen.
Wie bei diesem Gericht. Als wir das auf den Speiseplan setzten, haben
wir eine Menge Feedback bekommen. Welcher Art? Na, positiv natürlich. Kinder
sind auch beim Essen neugieriger, als manche denken ...

Falafel mit Sesam-Joghurt-Dip und Rotkohl-Rettich-Salat

Für 4 Portionen

Zubereitungszeit: ca. 30 Minuten
Einweichzeit: ca. 8 Stunden
Frittierzeit: ca. 20 Minuten

Für die Falafel
250 g Kichererbsen
1 Zwiebel
2 Knoblauchzehen
1 TL Kreuzkümmel
Steinsalz
1 EL Schnittlauch
1 TL frischer Koriander
1 TL Weinstein-Backpulver
500 ml Brat-Olivenöl

Für den Salat
400 g Rotkohl
150 g weißer Rettich
1 TL Ingwer
1 EL Agavensirup
2 EL Balsamico bianco
3 EL Olivenöl
schwarzer Pfeffer, frisch aus der Mühle

Für den Dip
50 g gesalzene Tahine (Sesampaste)
2 EL Lemon-Balsamico
2 EL Schnittknoblauch
  (oder Schnittlauch)
125 g griechischer Joghurt

Die Kichererbsen mit kaltem Wasser bedecken und 8 Stunden stehen lassen.

Die Zwiebel grob, den Knoblauch fein würfeln. Rotkohl und Rettich in feine Streifen schneiden. Die Kräuter, den Schnittknoblauch und den Ingwer fein schneiden.

Die Kichererbsen in einem Sieb sehr gut abtropfen lassen und mit Zwiebel, Knoblauch und Kreuzkümmel fein pürieren. Mit Salz, Schnittlauch und Koriander abschmecken, dann das Backpulver einrühren. Das Bratöl erhitzen. Aus der Kichererbsenmasse – am besten mit zwei Esslöffeln – Falafel-Bällchen formen, in das heiße Fett geben und goldgelb frittieren.

Für den Dip Tahine mit Balsamico, Schnittknoblauch und Joghurt verrühren.

Rotkohl, Rettich, Ingwer, Agavensirup, Balsamico bianco und Olivenöl vermischen. Mit Salz und Pfeffer abschmecken. Den Salat dekorativ auf vier Teller verteilen und mit den Falafel-Bällchen und dem Dip servieren.

*Ein schön scharfes Herbstgericht mit Kokosaroma.
Natürlich können Sie die Gemüsesorten austauschen, variieren,
neu kombinieren — seien Sie kreativ.*

Kokos-Currysuppe

Für 4 Portionen

Zubereitungszeit: ca. 20 Minuten
Garzeit: ca. 30 Minuten

150 g Hokkaidokürbis
50 g Möhren
50 g Chinakohl
50 g Knollensellerie
1 kleine Zwiebel
2 cm Ingwer
1 Knoblauchzehe
2 EL Ghee (Seite 130)
500 ml rassige Gemüsebrühe
  (Seite 129)
250 ml Kokosmilch
1 Bio-Limette
Steinsalz
1 EL mittelscharfer Curry,
  Madrascurry oder Calypso Tropical
  Curry von Herbaria
ca. 12 Blätter Thai-Basilikum

Kürbis, Möhren, Chinakohl und Sellerie in kleine Stücke schneiden. Die Zwiebel würfeln, Ingwer und Knoblauch fein schneiden.

1 EL Ghee erhitzen, Knoblauch darin goldgelb rösten. Die Hitze reduzieren, Zwiebel und Ingwer zugeben und 5 Minuten glasig dünsten.

Den Kürbis und jeweils die Hälfte der Karotten, des Chinakohls und des Selleries zufügen, alles mit anschwitzen und mit Brühe und Kokosmilch aufgießen. Ca. 15 Minuten köcheln lassen, dann Saft und abgeriebene Limettenschale der Limette zugeben, 10 Minuten mitkochen und dann alles fein pürieren. Mit Salz und Curry abschmecken.

1 EL Ghee im Wok erhitzen. Das restliche Gemüse dazugeben und unter ständigem Rühren sehr heiß und kurz anbraten.

Mit Salz würzen und einige Thai-Basilikumblätter einstreuen. Das Gemüse sofort aus dem Wok in vier Suppenschüsseln verteilen, die heiße Suppe darübergeben und sofort servieren.

Mein Küchentipp Bitte achten Sie beim Einkaufen auf die Kokosmilch. Es gibt viel Mist auf dem Markt, weswegen ich mindestens 60 % Kokosnuss-Anteil empfehle. Noch besser sind 67 %.

Dieses Risotto ist inzwischen Kult in meinem Heimat-Landkreis und ein Hit in unserem Catering. Die „Chiemgaukorn"-Erfinder Julia Reimann und Stefan Schmutz (www.chiemgaukorn.de) haben verstanden, was uns an Getreide noch fehlt: Urgetreide wie Einkorn, Emmer oder Dinkel, aber poliert, damit die Kochzeit reduziert wird. So entstand eine regionale Alternative zum Rundkornreis. Eine Spitzen-Idee, finde ich. Anbieter gibt es mittlerweile von der Lüneberger Heide bis nach Österreich.

Chiemgau-Risotto mit Herbstgemüse, Waldpilzen und Bergkäse

Für 4 Portionen

Zubereitungszeit: ca. 25 Minuten
Garzeit: ca. 20 Minuten

1 Zwiebel
50 g Möhre
50 g Pastinake
50 g Lauch
50 g Sellerie
50 g Petersilienwurzel
100 g frische gemischte Waldpilze
80 g Butter
300 g poliertes Urgetreide,
  zum Beispiel Perl-Einkorn,
  alternativ Rundkornreis
1 l heimische Gemüsebrühe
  (Seite 128)
Steinsalz
schwarzer Pfeffer, frisch aus der Mühle
80 g Crème fraîche
80 g Bergkäse, 6 Monate gereift
2 EL Blattpetersilie,
  in Streifen geschnitten

Die Zwiebel fein würfeln, Möhre, Pastinake, Lauch, Sellerie und Petersilienwurzel würfeln, die Pilze in Scheiben schneiden.

Butter erhitzen und die Zwiebel darin glasig anschwitzen. Die Pilze zugeben und 5 Minuten anbraten. Dann Gemüse und Getreide zufügen, kurz mit anbraten und mit der Gemüsebrühe ablöschen. Zugedeckt ca. 15 Minuten gar köcheln lassen. Mit Salz und Pfeffer abschmecken.

Kurz vor dem Servieren die Crème fraîche unterheben. Beim Servieren das Risotto auf vier Teller verteilen, die Pilze etwas herauspicken und dekorativ oben auf dem Gericht verteilen. Den Bergkäse frisch darüber hobeln und mit Petersilie bestreuen.

Mit einer Tajine zu garen, finde ich sehr spannend. Im Prinzip
haben die Ur-Marokkaner da eine Art Dampfkochtopf aus Ton erfunden.
Durch die Hitze steigt der Dampf nach oben, kühlt an der obersten Stelle ab und
läuft als Kondenswasser an den Seiten des Deckels wieder in das Gargut ab.
Lassen Sie sich eine Tajine schenken, das Garen darin ist ein Erlebnis!

Gemüse-Tajine

Für 4 Portionen

Zubereitungszeit: ca. 30 Minuten
Garzeit: ca. 30 Minuten

400 g festkochende Kartoffeln
500 g Weißkohl
2 Petersilienwurzeln
½ Knollensellerie
250 g Hokkaidokürbis
3 rote Paprika
4 Möhren
4 Spättomaten
250 g Zwiebel
3 Knoblauchzehen
2 EL Ghee (Seite 130)
1 l rassige Gemüsebrühe
  (Seite 129)
3 EL Tomatenmark
1 TL Kreuzkümmel
Steinsalz
schwarzer Pfeffer, frisch aus
  der Mühle
2 EL Argan-Öl (alternativ
  kalt gepresstes Olivenöl,
  Sesamöl)

Eine große Tajine (oder Tontopf) 30 Minuten in Wasser
einweichen. In der Zwischenzeit die Kartoffeln schälen und
in grobe Würfel schneiden. Vom Weißkohl einige große
Blätter entfernen und beiseitestellen, den Rest in grobe
Würfel schneiden. Petersilienwurzel und Knollensellerie
schälen und ebenfalls in grobe Würfel schneiden.

Den Kürbis in Spalten, die Paprika in Streifen und die
gebürsteten Möhren in grobe Scheiben schneiden, die
Tomaten vierteln. Die Zwiebeln würfeln, den Knoblauch
fein schneiden.

Die Tajine ganz langsam auf dem Herd erhitzen, da
der Ton sehr empfindlich ist! Das Ghee darin erwärmen,
Zwiebeln und Knoblauch dazugeben und anbraten.

Die Tajine vom Herd nehmen, den Tontopf mit den großen
Weißkohlblättern auslegen, dann das Gemüse und die
Kartoffeln schichtweise hineinlegen.

Gemüsebrühe mit Tomatenmark und Kreuzkümmel
verrühren. Mit Salz und Pfeffer abschmecken und über
dem Gemüse verteilen. Den Deckel aufsetzen, den
Trichter (bei der Tajine) mit Wasser aufgießen und bei
mittlerer Hitze ca. 30 Minuten auf der Herdplatte
schmoren lassen.

Vor dem Servieren mit Argan-Öl beträufeln. Zu diesem
Gericht passt in Würfel geschnittenes Reh- oder Hirschfleisch
(Keule oder Schulter) besonders gut.

Auch dieses Gericht ist wieder ein Beweis dafür,
wie lecker Getreide schmecken kann.

Hirseauflauf mit Mangold, Steckrübe und Mozzarella

Für 4 Portionen

Zubereitungszeit: ca. 25 Minuten
Quellzeit Hirse: ca. 20 Minuten
Backzeit: ca. 25 Minuten

1 Gemüsezwiebel
3 Knoblauchzehen
2 EL Olivenöl nativ extra
200 g Hirse
1 TL gerebelter Thymian
500 ml mediterrane Gemüsebrühe
  (Seite 129)
Steinsalz
schwarzer Pfeffer,
  frisch aus der Mühle
200 g farbiger Mangold
200 g Steckrübe
100 g Möhre
100 g Petersilienwurzel
50 g Steinchampignons
50 g getrocknete Tomaten
300 ml Sahne
2 Eier (M)
300 g Mozzarella

Die Zwiebel fein würfeln, den Knoblauch in feine Scheiben schneiden. Das Olivenöl in einem Topf erhitzen, Zwiebel und Knoblauch darin glasig anschwitzen. Hirse und Thymian dazugeben, kurz mit anbraten und mit der Gemüsebrühe ablöschen.

Mit Salz und Pfeffer abschmecken, 5 Minuten köcheln – dann vom Herd nehmen und zugedeckt ca. 20 Minuten quellen lassen.

Den Backofen auf 180 °C vorheizen. Mangold in kleine Würfel schneiden. Steckrübe, Möhren und Petersilienwurzel klein schneiden. Die Pilze in Scheiben und die getrockneten Tomaten in Streifen schneiden. Alles mit der Hirse vermischen und in eine große Auflaufform füllen.

Sahne und Eier verquirlen, mit Salz und Pfeffer abschmecken und über dem Auflauf verteilen. Den Mozzarella reiben und darüberstreuen. Den Auflauf ca. 25 Minuten backen – so lange, bis der Mozzarella eine schöne braune Kruste bekommen hat.

Mein Küchentipp Wenn Sie dem Gericht eine andere Geschmacksrichtung geben wollen, alle Gemüsezutaten beibehalten und einfach die Brühe und die Gewürze variieren – sofort haben Sie ein neues Rezept!

Eine perfekte Herbstsuppe mit Schmerzgarantie. Ja doch, Schmerz.
Meerrettich nämlich nehmen wir im Gegensatz zu anderen Aromen nicht über
unseren Geschmackssinn wahr, sondern über unsere Schmerzrezeptoren.
Das macht ihn so faszinierend. Haben Sie sich beim Sushi-Essen nicht auch schon
dabei erwischt, ihre „Wasabi-Grenze" auszuloten, bis es richtig beißt?

Meerrettichschaumsuppe mit Sauerkraut-Biskuit

Für 4 Portionen

Zubereitungszeit: ca. 30 Minuten
Garzeit Suppe: ca. 40 Minuten
Backzeit: ca. 15 Minuten

Für die Suppe

1 Zwiebel, gewürfelt
1 Knoblauchzehe, gewürfelt
100 g festkochende Kartoffeln,
   gewürfelt
2 EL Butter
125 ml Weißwein
750 ml heimische Gemüsebrühe
   (Seite 128)
2 EL Crème fraîche
Saft ½ Zitrone
Steinsalz
weißer Pfeffer, frisch gemahlen
30 g frischer Meerrettich
evtl. 1 TL Zucker

Für den Biskuit

2 Eier (M)
60 g Weizenmehl Type 550
100 g gekochtes Sauerkraut,
   ausgepresst und klein gehackt
1 Schale Gartenkresse

Zwiebel, Knoblauch und Kartoffeln in Würfel schneiden. Zwiebel und Knoblauch in der Butter farblos anschwitzen, mit Weißwein ablöschen und vollständig einkochen lassen. Brühe und Kartoffelwürfel dazugeben und ca. ½ Stunde köcheln lassen.

Din der Zwischenzeit den Biskuit backen: Den Backofen auf 175 °C vorheizen. Die Eier trennen. Das Eiweiß mit etwas Salz zu Schnee schlagen. Zuerst das Eigelb unterheben, dann vorsichtig das Mehl untermengen. Die Masse auf Backpapier ca. 1 cm hoch auftragen, mit Sauerkraut bestreuen und im Ofen ca. 15 Minuten backen. Vom Blech nehmen, wenden, das Backpapier abziehen und den Sauerkraut-Biskuit in dickere Streifen schneiden.

Zur gegarten Suppe Crème fraîche und Zitronensaft zugeben und mit Salz und Pfeffer würzen. Meerrettich klein schneiden und mit der Suppe fein pürieren. Je nach Schärfe des Meerrettichs die Suppe mit etwas Zucker „entschärfen".

Die heiße Suppe auf vier Teller verteilen. Je ein Biskuit darauflegen und mit einem kleinen Büschel Gartenkresse garnieren.

Das klassische Pad Thai habe ich mit Cranberrysaft
abgeändert, weil ich keine Tamarindenpaste in Bio-Qualität gefunden habe.
Da ich als gebürtiger Amerikaner den zartbitteren Geschmack der
Cranberry seit der Kindheit kenne, war der Ersatz schnell gefunden. Wenn die Nudeln
nicht mit kaltem Wasser abgeschreckt werden, reicht die ihnen anhaftende
Stärke als Bindung aus, selbst wenn der Cranberrysaft flüssiger
ist als Tamarindenpaste.

Pad Thai mit Cranberrysaft, Erdnüssen, Sprossen und Limette

Für 4 Portionen

Zubereitungszeit: ca. 20 Minuten
Garzeit: ca. 15 Minuten

1 TL frischer Ingwer
2 Gemüsezwiebeln
1 Möhre
1 Bund Lauchzwiebeln
4 Knoblauchzehen
50 g gesalzene Erdnüsse
1 l rassige Gemüsebrühe
  (Seite 129)
100 g Zucker
1 EL Steinsalz
80 g Cranberrysaft
500 g Tagliatelle
80 g Bratöl Exquisit
  (mit geröstetem Sesam)
1 EL scharfer Curry (ich nehme
  gerne Red Hot Chili Curry
  von Herbaria)
4 Eier (M)
500 g frische Sojabohnensprossen
1 Bund frischer Koriander
1 Limette, geviertelt

Den Ingwer in feine Scheiben schneiden, Zwiebeln, Möhre und Lauchzwiebeln in feine Streifen schneiden, den Knoblauch klein würfeln und die Erdnüsse hacken.

Die Gemüsebrühe erhitzen und Zucker, Salz, Cranberrysaft und Ingwer dazugeben und rühren, bis Salz und Zucker sich aufgelöst haben.

Die Tagliatelle bissfest kochen (nicht mit kaltem Wasser abschrecken!). In der Zwischenzeit 2/3 des Bratöls in einem Wok erhitzen. Zwiebeln, Knoblauch und Currypulver zugeben und 2 Minuten anbraten. Das Gargut zum Wok-Rand schieben und das restliche Öl in die Wok-Mitte gießen. Die Eier hineinschlagen und im Öl zum Rührei braten.

Die Tagliatelle und dann nach und nach die Brühe dazugeben. Die Nudeln ca. 4 Minuten bei mittlerer Hitze erhitzen, dann Sprossen und Möhre zufügen und durchschwenken.

Den Wok vom Herd nehmen und den Inhalt auf vier Teller verteilen. Lauchzwiebeln, Koriander und Erdnüsse über die Tagliatelle geben und mit den Limetten-Ecken sofort servieren. Dieses Gericht kann zusätzlich durch Wildfang-Garnelen verfeinert werden.

Ich weiß, Schwarzwurzeln sind wegen der Schälerei nicht so beliebt. Und optisch springen sie einen auf dem Markt auch nicht gerade an. Wenn Sie dieses Gericht aber mal gegessen haben, werden Sie nach Schwarzwurzeln Ausschau halten.

Schwarzwurzeln mit Kartoffelpudding

Für 4 Portionen

Zubereitungszeit: ca. 30 Minuten
Garzeit Schwarzwurzeln: ca. 1 Stunde
Backzeit: ca. 45 Minuten

Für die Schwarzwurzeln

1 l heimische Gemüsebrühe
 (Seite 128)
Saft 1 Zitrone
1 TL Zucker
Steinsalz
2 Lorbeerblätter
3 Thymianzweige
3 Rosmarinzweige
2 Knoblauchzehen
4 schwarze Pfefferkörner, gestoßen
1 kg Schwarzwurzeln
2 Stangen Lauchzwiebeln
100 g kalte Butter, gewürfelt

Für den Kartoffelpudding

200 g vorwiegend festkochende
 Kartoffeln
100 g rote Zwiebel
100 g geschälte Süßkartoffel
1 Ei (M)
1 EL Butter
2 EL Olivenöl
1 TL gerebelter Majoran
schwarzer Pfeffer, frisch aus der Mühle
50 g Sahne
50 ml Milch

Außerdem

Sous-vide-Beutel
 (oder verschließbare Kunststoffbeutel)
Vakuumpumpe, wenn vorhanden

Den Backofen auf 85 °C vorheizen. Gemüsebrühe, Zitronensaft, Zucker, Salz, Lorbeer, Thymian, Rosmarin, Knoblauch und Pfeffer verrühren und in ein oder zwei Sous-vide-Beutel füllen. Die Schwarzwurzeln schälen, sofort in die Beutel in den Sud legen und die Luft entziehen (mit einem Vakuumiergerät oder mit der Hand ausstreichen). Einen großen Topf Wasser zum Kochen bringen und vom Herd ziehen. Die Beutel ins Wasser legen und den Topf für 1 Stunde in den Backofen geben.

Die Kartoffeln schälen und in Salzwasser kochen. Die Lauchzwiebeln in Streifen schneiden. Die rote Zwiebel würfeln, die Süßkartoffel schälen und in kleine Würfel schneiden. Die gekochten Kartoffeln abgießen, durch die Kartoffelpresse drücken und das verquirlte Ei sofort unter die heiße Kartoffelmasse rühren.

Butter und Olivenöl im Topf erhitzen. Süßkartoffel- und Zwiebelwürfel darin anschwitzen und mit Salz, Pfeffer und Majoran würzen. Mit Sahne und Milch ablöschen und unter die durchgepressten Kartoffeln heben. Vier kleine hitzefeste Schälchen mit Butter auspinseln. Die Kartoffelmasse in die Schälchen verteilen und bei 85 °C im Backofen 45 Minuten lang garen.

In der Zwischenzeit die gegarten Schwarzwurzeln aus den Beuteln nehmen und in kleinere Stifte schneiden. Etwas Sud aus den Beuteln aufheben! 50 ml vom Sud zum Kochen bringen und die kalten Butterstücke einrühren, bis der Fond dickflüssig ist. Die Sauce auf die Schwarzwurzeln geben, mit Lauchzwiebeln bestreuen und mit dem Kartoffelpudding sofort servieren.

Mein Küchentipp Noch eine Idee, um dieses Gericht geschmacklich zu toppen: schwarzer Trüffel! Ca. 100 ml Gemüsebrühe und 2 cl Madeira auf die Hälfte einkochen. Mit Butter (besser ein bisschen mehr) abbinden. Etwa 10 g schwarzen Trüffel in feine Streifen schneiden und untermischen. Noch Fragen?

Ich liebe es, mit verkochtem Gemüse Saucen zu binden.
Deswegen habe ich immer welches im Kühlschrank. Schon bei der Herstellung der
Grundbrühen merken Sie, wie viel Gemüse aus dem Suppentopf gefischt wird.
Und nur, weil der Geschmack weniger geworden ist, muss das nicht weggeworfen werden.
Für Gemüsepürees und zum Saucenbinden ist es ideal.

Vollkornspirelli mit Belugalinsen, Knoblauch, Tomaten und Fenchel in Gemüserahmsauce

Für 4 Portionen

Zubereitungszeit: ca. 30 Minuten
Backzeit Knoblauch: ca. 45 Minuten
Kochzeit Linsen: ca. 20 Minuten

evtl. 1 Knolle Knoblauch
1 EL Olivenöl, nativ
Steinsalz
1 Zwiebel
1 Fenchelknolle
2 EL getrocknete Tomaten
50 g schwarze Belugalinsen
600 ml mediterrane Gemüsebrühe
  (Seite 129)
2 EL Ghee (Seite 130)
400 g verkochtes Wurzelgemüse
  (von der Herstellung der Brühe)
125 g Sahne
schwarzer Pfeffer, frisch aus
  der Mühle
200 g Vollkornspirelli
3 EL geriebener Parmesan
einige Salbeiblätter

Wer dieses Gericht mit gebackenem Knoblauch verfeinern möchte, der schaue sich bitte meinen Tipp an. Den Backofen auf 180 °C vorheizen. Von der Knoblauchknolle den Deckel abschneiden (so, dass die Spitzen aller Zehen zu sehen sind), mit Olivenöl beträufeln, mit Salz würzen, dicht in Alufolie einpacken und 45 Minuten im Backofen garen.

Die Zwiebel fein würfeln, Fenchel und getrocknete Tomaten in feine Streifen schneiden. Die Linsen mit 100 ml Gemüsebrühe aufkochen und bei kleiner Hitze zugedeckt 20 Minuten köcheln lassen. Dann abgießen.

Das Ghee im Topf erhitzen, Zwiebel dazugeben und glasig anschwitzen. Das verkochte Gemüse dazugeben und mit der restlichen Gemüsebrühe aufgießen. 5 Minuten köcheln, Sahne zufügen, mit Salz und Pfeffer würzen und ganz fein pürieren.

Die Pasta in Salzwasser nach Packungsanleitung bissfest garen, das Wasser abschütten, dann alle Zutaten (bis auf Knoblauch, Parmesan und Salbei) dazugeben und gut durchmischen.

Das Gericht auf vier Teller verteilen, mit Parmesan bestreuen und mit Salbei dekorieren. Wer mag, gibt einige Knoblauchzehen aus der gebackenen Knolle dazu und zerquetscht sie beim Essen mit der Gabel.

Mein Küchentipp Den Ofen nur für eine Knolle Knoblauch anzuwerfen, ist Blödsinn. Weil ich diesen Knoblauch aber liebe, backe ich immer mehrere Knollen auf einmal, und zwar immer, wenn der Ofen sowieso läuft und noch genug Platz für ein paar Knollen ist. Verpackt und gekühlt lassen sich die Knollen einige Wochen aufbewahren.

*Ein tolles Gericht im Winter, wenn der Grünkohl Saison hat.
Die Chips sind einfach ein witziges „Add on", Sie können sie auch weglassen
bzw. für andere Gerichte verwenden.*

Kartoffel-Grünkohl-Gratin mit Mozzarella und Grünkohl-Chips

Für 4 Portionen

Zubereitungszeit: ca. 40 Minuten
Garzeit: ca. 55 Minuten

1 Gemüsezwiebel
1 Knoblauchzehe
100 g Champignons
500 g Grünkohl
1 EL Olivenöl
½ TL Curry
Steinsalz
2 EL getrocknete Tomaten (in Öl)
2 EL Ghee (Seite 130)
1 EL Sonnenblumenkerne
1 TL gerebelter Thymian
1 TL gerebelter Majoran
schwarzer Pfeffer, frisch aus der Mühle
1 kg vorwiegend festkochende
  Kartoffeln
250 g Schmand
200 ml mediterrane Gemüsebrühe
  (Seite 129)
1 EL Butter
250 g Mozzarella, in
  Scheiben geschnitten

Den Backofen auf 170 °C vorheizen. Die Zwiebel fein würfeln, Knoblauch und Champignons in feine Scheiben schneiden. Die Stiele vom gewaschenen und trocken geschleuderten Grünkohl abschneiden und in kleine Würfel schneiden, die Blätter in kleine Stücke rupfen. Eine Handvoll Blätter mit Olivenöl, Curry und etwas Salz ordentlich vermengen und beiseitestellen. Die getrockneten Tomaten in Streifen schneiden.

Das Ghee erhitzen, Zwiebeln und Knoblauch glasig anschwitzen, dann die Sonnenblumenkerne leicht anrösten. Champignons und den restlichen Grünkohl (Blätter und Stiele) dazugeben und kurz anbraten. Tomaten, Thymian und Majoran zufügen und alles mit Salz und Pfeffer würzen.

Die Kartoffeln schälen und in feine Scheiben schneiden. Die Pilz-Grünkohl-Masse dazugeben, Schmand und Gemüsebrühe untermischen, das Ganze abschmecken und dann in eine gebutterte Gratinform geben. 50 Minuten backen (die Grünkohlchips nicht vergessen, siehe nächsten Arbeitsschritt), dann mit den Mozzarellascheiben belegen und noch mal 5 Minuten backen.

Den mit Curry vermischen Grünkohl gleichmäßig auf ein mit Backpapier belegtes Backblech verteilen und 10 Minuten knusprig zu Chips backen (während das Gratin im Ofen ist). Das Gratin vor dem Servieren mit den Chips bestreuen.

Mein Küchentipp Das Grundrezept können Sie auch mit anderen Gemüsesorten variieren – und damit die Geschmacksrichtung.

Kartoffelgulasch mit Mais-Reismehl-Pfannkuchen

Für 4 Portionen

Zubereitungszeit: ca. 40 Minuten
Garzeit Gulasch: ca. 30 Minuten
Quellzeit: ca. 10 Minuten
Backzeit: ca. 15 Minuten

Für das Gulasch

3 Knoblauchzehen
1 rote Paprika
2 Zwiebeln
50 g Möhre
50 g Petersilienwurzel
50 g Sellerie
1 kg festkochende Kartoffeln
1 TL Kümmel
1 TL Zitronenabrieb
2 EL Ghee (Seite 130)
2 EL Tomatenmark
1 EL Paprika, edelsüß
500 ml heimische Gemüsebrühe
  (Seite 128)
Steinsalz
schwarzer Pfeffer, frisch
  aus der Mühle
1 TL Majoran, gerebelt

Für die Pfannkuchen

125 g Maiskörner aus der Dose
1 Ei (M)
1 EL Reismehl
1 EL frischer Koriander
½ TL Ingwer
1 Prise Zucker
1 TL Schnittlauch
2 EL Olivenöl

Den Knoblauch fein würfeln, Paprika, Zwiebeln, Möhre, Petersilienwurzel, Sellerie und die geschälten Kartoffeln würfeln, die Kartoffelwürfel in Wasser aufbewahren. Ingwer und Schnittlauch für die Pfannkuchen fein schneiden.

Für das Gulaschgewürz die Hälfte des Knoblauchs, Kümmel und Zitronenschale vermischen und beiseitestellen.

Das Ghee in einem Topf erhitzen, Zwiebeln dazugeben und glasig anschwitzen. Den restlichen Knoblauch zugeben und kurz mit anschwitzen. Tomatenmark und Paprikagewürz einrühren, abgetropfte Kartoffelwürfel, Möhre, Petersilienwurzel und Sellerie zufügen und alles mit der Brühe auffüllen.

Mit Salz und Pfeffer würzen und ca. 30 Minuten köcheln lassen, bis die Kartoffeln weich sind. Für die letzten 5 Minuten noch Paprikawürfel, Majoran und das Gulaschgewürz zugeben und noch mal mit Salz und Pfeffer abschmecken.

In der Zwischenzeit den Mais fein pürieren. Mit Ei, Reismehl, Koriander, Ingwer, Zucker und Schnittlauch vermischen und mit Salz und Pfeffer würzen. Die Masse 10 Minuten quellen lassen – und dann im Olivenöl daraus kleine, goldgelbe Pfannkuchen backen, die mit dem Gulasch zusammen serviert werden.

Rosenkohl ist nicht jedermanns Sache – was aber oft mit der
Zubereitung zu tun hat. Die Blätterversion ist sicher etwas aufwendig, aber damit
begeistere ich auch die „Nicht-Rosenkohl-Fans". Doch Sie können die Rosenkohlröschen
auch halbieren und dann wie beschrieben zubereiten.

Knödelauflauf mit Rosenkohlblättern

Für 4 Portionen

Zubereitungszeit: ca. 40 Minuten
Backzeit: ca. 30 Minuten
Garzeit Rosenkohl: ca. 5 Minuten

Für die Knödel
1 Eier
80 g Knödelbrot (Brot vom Vortag)
60 ml Milch
Steinsalz
schwarzer Pfeffer, frisch aus der Mühle
1 TL Petersilie, fein geschnitten
200 g Kartoffelkloßteig

Für die Sauce
2 EL Butter
1 Zwiebel, fein gewürfelt
50 g Sahne
50 ml heimische Gemüsebrühe
   (Seite 128)
2 Eier (M)
1 EL Schnittlauch, fein geschnitten
1 EL Bergkäse, gerieben

Für den Rosenkohl
500 g Rosenkohl
Steinsalz
2 EL natives Olivenöl
1 Thymianzweig

Für die Semmelknödel das Ei verquirlen und unter das gewürfelte Knödelbrot mischen. Die Milch erhitzen, mit Salz und Pfeffer würzen und mit der Brotmasse mischen. Die Petersilie zugeben und durchmengen. Die Masse zu vier kleineren, gleich großen Knödeln formen.

Den Backofen auf 160 °C vorheizen. Aus dem Kartoffelkloßteig ebenfalls 4 Knödel formen und diese mit den kleineren Semmelknödeln füllen. Vier ofenfeste Kaffeetassen (oder eine Auflaufform) mit Butter ausfetten und je einen Knödel in eine Tasse stecken.

Für die Sauce die Butter im Topf erhitzen und die Zwiebelwürfel darin glasig anschwitzen. Sahne, Brühe und Eier verrühren. Die angeschwitzten Zwiebeln dazugeben und mit Salz und Pfeffer würzen. Schnittlauch und Käse untermischen und diese Sauce über die Knödel in den Tassen gießen, dann 30 Minuten im Backofen garen.

Vom Rosenkohl jeweils den Strunk abschneiden und die Blätter einzeln abzupfen. In Salzwasser 2 Minuten köcheln, mit kaltem Wasser abschrecken und im Sieb gut abtropfen lassen. Das Olivenöl in einer Bratpfanne erhitzen, den Thymian kurz rösten, die blanchierten Rosenkohlblätter zugeben, durchschwenken und mit Salz und Pfeffer würzen. Die Knödelaufläufe jeweils auf einen Teller stürzen und mit den Rosenkohlblättern servieren.

Ein knuspriger Entenbraten schmeckt hervorragend zu diesem Gericht.

Waffeln sind eine leckere Alternative zu Knödeln. Meine Kinder lieben Waffeln und backen sie meistens selber, während ich mich um den Rest kümmere. Als Ergänzung passt ein Feldsalat dazu.

Kürbiskernwaffeln mit Rahmschwammerln

Für 4 Portionen

Zubereitungszeit: ca. 30 Minuten
Garzeit Waffeln: ca.20 Minuten
Garzeit Pilze: ca. 10 Minuten

Für die Waffeln
400 g Weizenmehl Type 550
150 g Speisestärke
1 TL Steinsalz
2 EL Kürbiskerne, geröstet und gehackt
1 TL Hirschhornsalz
1 TL Weinsteinbackpulver
400 g Buttermilch
150 g Milch
3 EL Kürbiskernöl
2 Eier (M), getrennt
1 EL Zucker
1 EL Ghee (Seite 130)

Für die Pilze
3 EL Butter
1 Zwiebel, gewürfelt
300 g gemischte Pilze
200 g Schmand
Steinsalz
schwarzer Pfeffer, frisch
  aus der Mühle
1 EL Schnittlauch, fein geschnitten

Den Backofen auf 80 °C vorheizen. Mehl, Stärke, Salz, Kürbiskerne, Hirschhornsalz und Backpulver vermischen. Buttermilch, Milch, Kernöl und Eigelb vermischen und unter die Mehlmischung rühren.

Eiweiß mit Zucker steif schlagen und dann vorsichtig unter die Masse heben. Mit etwas Ghee das Waffeleisen einfetten und goldgelbe Waffeln backen, im Ofen warm halten. Einen Holzlöffel in die Tür klemmen, damit die Waffeln knusprig bleiben.

Die Butter in einer Bratpfanne erhitzen. Die Zwiebel darin glasig anschwitzen. Die Pilze zugeben, leicht anbraten, mit dem Schmand verrühren und mit Salz und Pfeffer würzen.

Die Waffeln mit den Schwammerln auf vier Tellern anrichten und mit Schnittlauch bestreuen.

*Zugegeben, ein Riesenaufwand für einen Salat. Aber auch ein Riesenerfolg!
Wenn die Gäste diese Vorspeise gesehen und gegessen haben, werden Sie einsehen:
Für diesen Augen- und Gaumenschmaus lohnt sich jede Minute in der Küche.*

Feldsalat im Baguettering mit Dressing vom geräucherten Kürbis

Für 4 Portionen

Zubereitungszeit: ca. 30 Minuten
Garzeiten Kürbis: ca. 1 Stunde
Backzeit: ca. 10 Minuten
Marinierzeit: ca. 20 Minuten

Für Salat und Dressing
500 g Hokkaido-Kürbis,
  in Spalten geschnitten
Steinsalz
1 EL mittelscharfer Senf
5 EL Sonnenblumenöl
3 EL Balsamico bianco
300 ml rassige Gemüsebrühe
  (Seite 129)
schwarzer Pfeffer, frisch
  aus der Mühle
1 EL Zucker
350 g Feldsalat, geputzt

Für die Baguetteringe
1 Baguette-Stange
2 EL Olivenöl

Außerdem
4 x 1-l-Glasflaschen
BBQ-Smoker oder -Grill
evtl. Räucherspäne
  (siehe Küchentipp)

Den Grill auf 120 °C vorheizen. Den Kürbis salzen, kurz ziehen lassen und dann auf dem Grill ca. 1 Stunde räuchern.

Den Backofen auf 175 °C vorheizen. Das Baguette der Länge (!) nach in lange, dünne Scheiben schneiden, das geht am besten mit einer Brotschneidemaschine. Die 4 schönsten Scheiben jeweils auf ein Stück Backpapier legen, mit Olivenöl einpinseln und samt Backpapier um die Wasserflaschen wickeln. Die Flaschen so nebeneinander auf ein Backblech stellen, dass sich die gewickelten Brotscheiben berühren und so zusammengehalten werden. Die Brotscheiben ca. 10 Minuten backen, bis sie goldgelb geröstet sind.

Die Brotringe vorsichtig von den Flaschen lösen und auskühlen lassen.

Die übrigen Brotreste zerrupfen, mit dem restlichen Olivenöl vermischen, auf das Backblech geben und 10 Minuten bei 175 °C rösten.

Den Senf in eine Schüssel geben und das Sonnenblumenöl langsam einrühren. Essig zufügen, dann die Gemüsebrühe. Sobald die Kürbisspalten weich sind, werden sie mit dem Dressing ganz fein püriert. Mit Salz, Pfeffer und Zucker würzen. Eventuell muss für die richtige Konsistenz noch etwas Brühe dazugegeben werden. Die Marinade ca. 20 Minuten ziehen lassen.

Den Feldsalat mit dem Dressing anmachen. Die Baguetteringe auf vier Teller verteilen und den Salat vorsichtig darin anrichten. Mit den restlichen Brotstücken garnieren und sofort servieren.

Mein Küchentipp Mein BBQ-Grill kennt keine Winterpause. Er ist allzeit in Betrieb und freut sich, wenn er auch im Winter gebraucht wird! Wenn Sie einen Gasgrill verwenden, brauchen Sie für dieses Gericht eingeweichte Holzchips für den Rauch. Die gibt es in den meisten Baumärkten, sie müssen nur eine Stunde vorher in Wasser gelegt werden. Dann immer wieder einige davon während des Räuchervorgangs ins Feuer streuen, um Rauch zu erzeugen. Alternative: Holzchips in eine Feuerschale legen und nahe an die Flamme legen.

Dieses Gericht speist sich aus einer wunderschönen Kindheitserinnerung.
Meine Mutter, eine Schwäbin, hat das im Winter ab und zu gemacht – und der Geschmack
von Steckrüben verlässt das Gedächtnis nicht so leicht. Natürlich wurde ich von ihr
auch in die Kunst des Spätzleschabens eingeweiht. Für meine deutschen Kollegen war das
dann in der Ausbildung ein Highlight: „Guck emol, was der Ami kann!". Na ja, war
ich halt immer mit Spätzleschaben dran ...

Steckrübeneintopf mit hausgemachten Spätzle

Für 4 Portionen

Zubereitungszeit: ca. 30 Minuten
Ruhezeit: ca. 30 Minuten
Garzeit: ca. 40 Minuten

Für den Eintopf
800 g Steckrüben
300 g Möhren
1 Gemüsezwiebel
2 Knoblauchzehen
3 EL Ghee (Seite 130)
2 Thymianzweige
2 Rosmarinzweige
500 ml mediterrane Gemüsebrühe
   (Seite 129)
Steinsalz
schwarzer Pfeffer, frisch
   aus der Mühle
1 EL Blattpetersilie,
   fein geschnitten

Für die Spätzle
200 g Weizenmehl Type 550
2 Eier
1 Eigelb

Außerdem
Spätzlebrett, -schaber,
   -presse oder -reibe

Die Steckrüben schälen und ca. 200 g davon in 1 cm große Würfel schneiden. Den Rest mit den Möhren grob würfeln und getrennt beiseite stellen. Die Zwiebel würfeln, den Knoblauch klein schneiden.

Das Ghee im Topf erhitzen. Zwiebel darin glasig anschwitzen, Knoblauch zugeben und ebenfalls glasig andünsten. Dann Thymian und Rosmarin kurz mitbraten. Die groben Steckrübenwürfel, die Möhrenwürfel und die Gemüsebrühe zufügen und alles 30 Minuten köcheln lassen, dann mit Salz und Pfeffer würzen. Im Standmixer alles fein pürieren. Die 200 g kleinen Steckrübenwürfel dazugeben und das Ganze weitere 10 Minuten köcheln.

In der Zwischenzeit für den Spätzleteig Mehl, Eier und Eigelb mit 3 EL Wasser verrühren, mit Salz abschmecken und zugedeckt ca. 30 Minuten ruhen lassen.

Einen großen Topf mit Salzwasser zum Kochen bringen. Spätzle entweder von Hand schaben oder durch die Presse geben. Sobald die Spätzle an die Oberfläche steigen, mit einem Schaumlöffel herausheben und auf eine warme Platte legen. Eintopf mit Petersilie bestreuen und mit Spätzle servieren.

Als Einlage eignen sich Wiener Würstchen am besten.

*Wie bei den meisten meiner Gerichte habe ich ein klassisches Gericht
mit einer eigenen Note versehen, dem „Wirsing-Blaukraut". Das, finde ich, ist das Tolle
am Kochen: einen eigenen Stil zu finden – mit Gerichten, die einem schmecken
und die einen immer wieder herausfordern.*

Steinpilzpolenta mit „Blaukraut" vom Wirsing

Für 4 Portionen

Zubereitungszeit: ca. 35 Minuten
Quellzeit: ca. 10 Minuten
Garzeit: ca. ca. 40 Minuten

Für die Polenta
750 ml heimische Gemüsebrühe
  (Seite 128)
2 EL Parmesan, gerieben
5 g getrocknete Steinpilze
200 g Schnellkoch-Polenta
Steinsalz
schwarzer Pfeffer, frisch aus der Mühle
50 g Crème fraîche
100 g Steinchampignons,
  in feine Scheiben geschnitten
1 kg Wirsing, in Streifen
  geschnitten
Saft von 2 Zitronen
50 g Zucker
3 EL Rotweinessig
250 ml Rotwein
250 ml Portwein
3 EL Ghee (Seite 130)
1 Zwiebel, fein gewürfelt
3 EL Honig
100 ml Orangensaft
100 g Preiselbeermarmelade
1 Apfel

Gemüsebrühe, Parmesan und Steinpilze zusammen aufkochen, vom Herd nehmen und die Polenta einrühren. Das Ganze noch eine Minute unter Rühren köcheln lassen, mit Salz und Pfeffer würzen, dann zugedeckt 10 Minuten quellen lassen.

Den Wirsing waschen und zwischen den Fingern gut auspressen. Leicht salzen, mit Zitronensaft beträufeln und gut durchkneten.

Zucker im Topf karamellisieren lassen und mit Essig, Rot- und Portwein ablöschen. Ghee dazugeben, ca. 10 Minuten einkochen lassen, dann die Zwiebelwürfel zufügen und glasig dünsten. Mit Salz, Pfeffer und Honig würzen und erneut 10 Minuten einkochen lassen. Orangensaft, Preiselbeermarmelade und den Wirsing zugeben und ca. 10 Minuten köcheln. Mit Salz und Pfeffer würzen, dann den Apfel frisch reiben und untermischen.

Die Crème fraîche unter die Polenta mengen, dann auf vier Teller dekorativ einige Nocken Polenta verteilen. Das Wirsing-Rotweinkraut zugeben und alles mit den Champignons bestreuen.

Eine gegrillte Gänsebrust harmoniert sehr gut mit diesem Gericht.

Im Rahmen des Bundesprogramms Ökologischer Landbau gibt
es seit 2003 die Vereinigung „Bio-Spitzenköche", der ich seit Gründung angehöre.
2014 haben wir uns in Hannover getroffen und für die Presse einige
Gerichte gemeinsam gekocht. Dieses Gericht hat mich vom Geschmack und von der
Konsistenz her umgehauen! Es stammt von meiner Kollegin
Mayoori Buchhalter – ich habe nur eine kleine persönliche Note hinzugefügt.

Süddeutscher „Heringssalat" mit Roter Bete im Kartoffelschiffchen

Für 4 Portionen

Zubereitungszeit: ca. 40 Minuten
Backzeit: ca. 35 Minuten
Ruhezeit: ca. 3 Stunden

2 große festkochende Kartoffeln
250 g rote Bete
1 Boskop-Apfel
1 Gemüsezwiebel
1 kleine rote Zwiebel
150 g Räuchertofu
150 g Gewürzgurken
2 Eier
2 EL Hijiki-Algen
2 EL Lemon-Balsamico
4 EL Gurkensud
2 EL mittelscharfer Senf
250 g griechischer Joghurt
Steinsalz
schwarzer Pfeffer, frisch
  aus der Mühle
1 EL Blatt-Petersilie, fein geschnitten
½ Bund Schnittlauch

Den Backofen auf 180 °C vorheizen. Kartoffeln und Rote
Bete gut waschen und einzeln in Alufolie verpackt 35 Minuten
im Ofen backen.

In der Zwischenzeit Apfel, Gemüsezwiebel und rote Zwiebel
fein würfeln, den Tofu in ca. 1 cm große Würfel, die Gewürzgurken in Scheiben schneiden, die Eier hart kochen, pellen
und würfeln. Die Algen in Wasser 10 Minuten kochen, dann
klein schneiden.

Kartoffeln und Bete aus dem Ofen nehmen und auskühlen
lassen. Die Rote Bete pellen und in 2 cm große Würfel schneiden.
Die Kartoffeln der Länge nach halbieren, aushöhlen und den
Inhalt klein würfeln.

Alle Zutaten (bis auf Kartoffelhälften und Schnittlauch)
vermischen und mit Salz, Pfeffer und Petersilie abschmecken.
Mindestens 2 Stunden kalt stellen.

Die Kartoffelhälften im heißen Ofen bei 180 °C 5 Minuten
erwärmen, mit dem Salat füllen und mit Schnittlauch
garniert servieren.

Fondue ist nicht nur was für Weihnachten oder Silvester. Gerade das Fondue Chinoise ist ein wunderbares Essen für einen schönen, kommunikativen Abend mit lieben Menschen. Es braucht reife und leckere Gemüsesorten vom Markt, ein bisschen Zeit für die Vorbereitung und – mein Tipp – eine schöne, aber gut waschbare Tischdecke. Denn beim Fondue Chinoise darf und muss gekleckert werden, nur so macht das richtig Spaß.

Fondue Chinoise

Für 4 Portionen

Zubereitungszeit: ca. 30 Minuten
Garzeit: Solange Sie möchten…

400 g Tempeh
4 EL Hoisinsauce (Seite 69)
100 g Muskatkürbis
3 Möhren
100 g Knollensellerie
100 g junger Fenchel
2 Chicorée
½ Kopf Chinakohl
½ Kopf Pak Choi
1 rote Paprika
1 gelbe Paprika
100 g junger Spinat
200 g Steinchampignons,
  in Spalten
250 g Enokipilze (optional)
2 l rassige Gemüsebrühe
  (Seite 129)
1 EL Lupinen-Miso (alternativ
  normales Miso, Bioladen)
1 TL Ingwer, in feinen Scheiben
1 Bund feine Lauchzwiebeln

Außerdem
Fonduegerät und -gabeln

Tempeh würfeln, mit der Hoisinsauce verrühren und 30 Minuten marinieren.

In der Zwischenzeit Kürbis, Möhren, Sellerie, Fenchel, Chicorée, Chinakohl, Pak Choi, Paprika und Spinat in mundgerechte und dekorative Stücke schneiden. Die Pilze in Scheiben schneiden.

Gemüse und Tempeh auf vier Tellern verteilen. Die Gemüsebrühe mit Miso und Ingwer erhitzen und in den Fondue-Topf geben. Die Brühe soll möglichst immer köcheln, um ab und zu etwas Wasser nachgießen zu können.

Das Gemüse nach Belieben mit oder ohne Tempeh auf die Gabel stechen und einige Minuten in die Suppe tauchen. Die Lauchzwiebeln am grünen Teil halten und die Knolle in die Brühe tauchen.

Wenn alles aufgegessen ist, sollten Sie noch die leckere Brühe aufteilen und genießen.

Ein cooles Gericht, das mit kleineren Rondinis auch als Vorspeise funktioniert. Schon von den Farben her ist es im grauen Winter ein Schmaus für die Augen.

Risotto von Hokkaidokürbis und Roter Bete im Rondinikürbis serviert

Für 4 Portionen

Zubereitungszeit: ca. 30 Minuten
Backzeit: ca. 15 Minuten
Garzeit Risotto: ca. 15 Minuten

Für die Rondinis
4 Rondinikürbisse à ca. 200 g
Steinsalz
schwarzer Pfeffer, frisch
  aus der Mühle
2 EL Olivenöl

Für das Bete-Stroh
100 g Rote Bete
250 ml Brat-Olivenöl zum Frittieren

Für das Risotto
1 Zwiebel
1 kleiner Hokkaidokürbis
2 EL Ghee (Seite 130)
300 g Arborio-Rundkornreis
125 ml Weißwein
1 l mediterrane Gemüsebrühe
  (Seite 129)
2 EL Butter, in Stücken
2 EL frisch geriebener Parmesan
2 EL Kürbiskernöl
2 EL gehobelter Parmesan

Den Backofen auf 175 °C vorheizen. Die Deckel der Rondini-Kürbisse abschneiden, die Kerne entfernen, den Kürbis innen mit Salz und Pfeffer würzen und 10 Minuten ziehen lassen. Mit Olivenöl ausreiben, die Deckel wieder aufsetzen und 15 Minuten backen.

Die Rote Bete schälen und in feine Streifen schneiden. Die Zwiebel fein würfeln, den Hokkaidokürbis in 1 cm große Würfel schneiden.

Das Bratöl auf 175 °C erhitzen und die Rote Bete darin kross frittieren. Mit Salz würzen und zum Abtropfen auf ein Tuch legen.

Das Ghee erhitzen, die Zwiebelwürfel darin glasig anschwitzen. Reis zugeben und umrühren, bis er glasig ist und alle Körner mit Öl bedeckt sind. Den Wein zugießen und unter Rühren kochen lassen, bis die Flüssigkeit ganz vom Reis aufgenommen ist. Die Gemüsebrühe erhitzen und davon immer wieder ¼ l zum Reis gießen, so lange, bis auch diese Flüssigkeit vollständig aufgenommen ist. Nach ca. 5 Minuten die Kürbiswürfel dazugeben und mitköcheln.

Sobald der Reis die gesamte Brühe aufgenommen hat, das Risotto aber noch feucht ist, die Butter in Stücken dazugeben und alles mit Salz und Pfeffer abschmecken. Den geriebenen Parmesan unterheben und das Risotto auf die Kürbis-„Tassen" verteilen. Mit Kernöl beträufeln, mit dem Rote-Bete-Stroh und den Parmesanspänen bestreuen und servieren.

Bei dieser Suppe wollte ich einen italienischen Klassiker mit heimischen Produkten kreieren. Die schwarzen Bohnen werden zum „Espresso" und der Milchschaum ist lecker aromatisiert mit dem würzigen Bergkäse. Um die Suppe wirklich wie Latte Macchiato trinken zu können, wird eine Makkaroni in Öl frittiert und als Strohhalm verwendet. Zum Abschluss können Sie sie auch noch wegknabbern. Achten Sie aber beim Kauf darauf, dass die Makkaroni groß genug sind, um die Suppe auch durchsaugen zu können.

Latte Macchiato von schwarzen Bohnen und Bergkäse

Für 4 Portionen

Zubereitungszeit: ca. 30 Minuten
Einweichzeit: ca. 8 Stunden
Garzeit Bohnensuppe: ca. 40 Minuten
Garzeit Milchschaum: ca. 60 Minuten

Für den „Kaffee"

1 Zwiebel
1 Knoblauchzehe
1 EL Olivenöl nativ
½ kleine Chilischote
700 ml mediterrane Gemüsebrühe
　(Seite 129)
200 g schwarze Mexiko-Bohnen

Für den „Milchschaum"

200 ml Vollmilch
150 Bergkäse, gerne ein Eckstück
　mit viel Rinde (mindestens
　6 Monate gereift)
Steinsalz
schwarzer Pfeffer, frisch aus der Mühle

Für den „Trinkhalm"

4 lange Makkaroni
200 ml Brat-Olivenöl

Die Zwiebel fein würfeln, den Knoblauch in feine Scheiben schneiden. Das Olivenöl in einem Topf erhitzen, Zwiebel und Knoblauch darin glasig anschwitzen, Chili dazugeben und kurz mitbraten. Den Topf vom Herd nehmen, 500 ml kalte Gemüsebrühe aufgießen und alles abkühlen lassen. Die Bohnen dazugeben und mindestens 8 Stunden einweichen.

Milch und Käse in einem Topf mit aufgelegtem Deckel (so bleibt das Aroma im Topf) erwärmen und 1 Stunde bei 60 °C ziehen lassen (das geht am besten im Backofen, wenn der sich auf 60 °C einstellen lässt). Die Milch-Käse-Mischung durch ein Sieb passieren und mit Salz und Pfeffer abschmecken.

Den Topf mit den eingeweichten Bohnen auf den Herd stellen und die Bohnen weich kochen (das dauert ca. 40 Minuten). Die Chilischote entfernen und die Bohnen sehr fein pürieren. Zurück in den Topf geben, erhitzen und mit Salz und Pfeffer würzen.

Die rohen Makkaroni im Öl goldgelb frittieren und gut abtropfen lassen.

Die Milch auf 70 °C erwärmen und mit einem Milchschäumer aufschäumen. 4 Latte-Macchiato-Gläser mit der heißen Bohnensuppe zu ca. ⅓ auffüllen. Den Milchschaum auf die Bohnensuppe gießen und den „Makkaroni-Strohhalm" ins Glas geben.

Mein Küchentipp Käsereste und -rinden nicht wegwerfen. Für Gerichte wie dieses können sie prima verwendet werden, um ihren Geschmack an Brühen, Saucen etc. abzugeben.

Diesen Eintopf aus schwarzen Bohnen, ein brasilianisches Nationalgericht,
habe ich in meiner Zeit als Koch an Bord der MS Europa kennen und lieben gelernt. Wer die
Situation vor Ort kennt, versteht, warum aus meiner Sicht eine Gemüse-Variante
entstehen musste: So viel Armut vermutet man in Brasilien nicht. Wir sind auf dem
Amazonas nach Manaus gefahren und haben zwischendurch an kleinen Dörfern angelegt.
Fleisch oder Geflügel für unsere Eintöpfe war dort nirgends zu bekommen, dafür
Hülsenfrüchte, gesund, günstig und sättigend.

Brasilianische Feijoada im Sweet-Dumpling-Kürbis

Für 4 Portionen

Zubereitungszeit: ca. 30 Minuten
Quellzeit: ca. 1 Stunde
Garzeit Bohnen: ca. 90 Minuten
Backzeit: ca. 20 Minuten

500 g schwarze Mexico-Bohnen
6 Lorbeerblätter
2 Gemüsezwiebeln
3 Knoblauchzehen
150 g vegane geräucherte Chorizo
　(z. B. von Wheaty)
100 g geräucherter Tofu
1 frische Chilischote
3 EL Ghee (Seite 130)
100 g passierte Tomaten
1 EL Rauchsalz (Bioladen)
schwarzer Pfeffer, frisch aus
　der Mühle
4 Sweet-Dumpling-Kürbisse
　à ca. 350 g
1 EL natives Olivenöl
2 EL Kürbiskernöl

Die schwarzen Bohnen in 1½ l Wasser aufkochen, vom Herd nehmen, abdecken und ca. 1 Stunde quellen lassen. Das Wasser abschütten, mit 750 ml frischem Wasser aufkochen, Hitze reduzieren, Lorbeerblätter dazugeben und weitere 1½ Stunden köcheln.

Die Zwiebeln fein würfeln, den Knoblauch in feine Scheiben schneiden. Die Chorizo in ½ cm dicke Scheiben und den Tofu in kleine Würfel (ca. ½ cm) schneiden, die Chilischote der Länge nach aufschneiden.

In einem Topf das Ghee erhitzen, Zwiebel, Knoblauch und Chili dazugeben und 5 Minuten bei geringer Hitze anschwitzen (prüfen Sie jetzt die Schärfe – wenn es okay ist, nehmen Sie die Chilischote heraus). Chorizo und Tofu zugeben und kurz mitbraten. Die Tomaten zufügen und mit Rauchsalz und Pfeffer würzen. Diese Mischung in den letzten 30 Minuten der Kochzeit zu den Bohnen geben und mitköcheln (spätestens hier die Chilischote entfernen).

Den Backofen auf 175 °C vorheizen. Von den Sweet-Dumpling-Kürbissen jeweils den Deckel abschneiden, das Kerngehäuse auslöffeln und entfernen. Die Kürbisse innen mit Olivenöl ausreiben, mit Salz und Pfeffer würzen und ca. 20 Minuten backen, bis das Fruchtfleisch weich und leicht bräunlich geworden ist. Die Kürbisse auf vier Tellern anrichten.

Das Feijoada auf die Kürbisse aufteilen, mit den gekochten Lorbeerblättern garnieren und mit Kürbiskernöl beträufeln. Sofort servieren.

Statt der veganen Chorizo und des Tofus können Sie auch geräucherten Bauchspeck, gewürfelt und kross angebraten, dazugeben.

Meine Gemüsebrühen

Die Rezepte in diesem Buch haben jeweils eine Grundgeschmacksrichtung: heimisch, mediterran oder rassig. Basis dafür sind meine drei Gemüsebrühen, die ich immer auf Vorrat produziere. Ohne sie geht bei mir gar nichts! Die Gemüsebrühen sind wegen des hohen Gemüseanteils sehr hochwertig und können bis zu zwei Wochen im Kühlschrank aufbewahrt werden.

Mein Küchentipp Das Gemüse vorher immer sehr gut waschen, dann schälen und die Schalen immer mitkochen. Das Gemüse bleibt ganz. So kann es nach dem Kochen der Brühe herausgenommen und im Kühlschrank gelagert werden, bis es für ein Gemüsepüree oder zum Binden von Gemüsesaucen verwendet wird (siehe zum Beispiel Seite 102, Vollkornspirelli in Gemüserahmsauce).

Heimische Gemüsebrühe

Für ca. 3 Liter

Zubereitungszeit: ca. 10 Minuten
Garzeit: ca. 1 Stunde

1 Knollensellerie
3 Karotten
1 Lauchstange
2 Petersilienwurzeln
6 weiße Pfefferkörner, zerstoßen
3 Lorbeerblätter
3 l Wasser
250 ml Weißwein
2 Knoblauchzehen
2 Nelken

Das Gemüse gründlich waschen und schälen. Alles, auch die Schalen, zusammen aufkochen, 1 Stunde köcheln lassen und dann durch ein Sieb abgießen.

Mediterrane Gemüsebrühe

Für ca. 6 Liter

Zubereitungszeit: ca. 15 Minuten
Garzeit: ca. 1 Stunde

2 Fenchelknollen
300 g reife Tomaten,
  (falls nicht vorhanden:
  Schältomaten aus der Dose)
1 Knollensellerie
6 Karotten
1 Lauchstange
2 EL gerebelter Rosmarin
2 EL gerebelter Thymian

10 g Knoblauch
2 Lorbeerblätter
2 Pimentkörner
1 TL Fenchelsamen
1 TL schwarzer Pfeffer,
  frisch geschrotet
1 EL Steinsalz
6 l Wasser
½ l Weißwein

Das Gemüse gründlich waschen und schälen. Alles, auch die Schalen, zusammen aufkochen,
1 Stunde köcheln lassen und dann durch ein Sieb abgießen.

Rassige Gemüsebrühe

Für ca. 6 Liter

Zubereitungszeit: ca. 15 Minuten
Garzeit: ca. 1 Stunde

1 kg Fenchel
1 kg Knollensellerie
1 kg Karotten
1 kg Lauch
1 kg Paprika
2 EL Zitronengras
  (auch getrocknet, als Tee)
50 g Knoblauch

1 kleine Chilischote
1 EL Pfefferkörner,
  frisch gestoßen
5 l Wasser
50 g Ingwerschale
400 ml Weißwein
2 EL Steinsalz

Das Gemüse gründlich waschen und schälen. Alles, auch die Schalen, zusammen aufkochen,
1 Stunde köcheln lassen und dann durch ein Sieb abgießen.

Ghee und Kräuterpesto

Ghee

In vielen meiner Rezepte werden Sie dieses gereinigte Butterfett als Zutat finden. Ghee ist die traditionelle indische/pakistanische Art, Butter zu klären. Dabei wird Milcheiweiß und Milchzucker entzogen. Das hat mehrere Vorteile: Ghee ist bekömmlicher, kann stärker erhitzt werden und ist auch bei Laktoseunverträglichkeit einsetzbar.

Zubereitung

Butter im Topf bei mittlerer Hitze erhitzen. Sobald das Milcheiweiß als weißer Schaum nach oben schwimmt, mit einem Esslöffel abschöpfen und entfernen. Die Butter weiter schonend erhitzen und das Eiweiß so lange entfernen, bis die Butter klar ist. Geduld! Je nach Menge der Butter kann das Abschöpfen bis zu eineinhalb Stunden dauern. Das geklärte Ghee durch ein feines Sieb in Schüsseln oder Gläser füllen. Im Kühlschrank ist es bis zu 15 Monate haltbar, ungekühlt etwa neun Monate.

Mein Küchentipp Im Thermomix geht das noch einfacher: Butter bei 60 °C 10 Minuten erhitzen und durch ein feines Sieb passieren.

Kräuterpesto

200 ml Gemüsebrühe (nach Geschmack)
30 g Pinienkerne, im Ofen goldgelb rösten
30 g Walnusskernbruch, im Ofen goldgelb rösten
6 Knoblauchzehen, klein schneiden
300 g Kräuter nach Wahl in einem Beutel luftdicht
   verschließen, 10 Sekunden in kochendem Wasser
   blanchieren und mit kaltem Wasser abschrecken
50 g geriebener Parmesan
100 ml Olivenöl
Steinsalz

Alle Zutaten in einen Mixer geben, fein pürieren und mit Salz abschmecken.

Mein Küchentipp Das Kräuterpesto kann mit allen gängigen Kräutern hergestellt werden, ganz nach Ihren Vorlieben.

Alphabetisches Rezeptregister

Rezeptregister nach Kapiteln

Rezeptregister nach Gemüsesorte

Rezeptregister nach verwendeter Brühe

Brixtabelle für Obst und Gemüse

	geht gar nicht	geht so	passt	so ist es perfekt
Obst				
Apfel	6	10	14	18
Birne	6	10	14	16
Blaubeere	4	8	16	22
Brombeere	6	8	12	14
Erdbeere	8	12	16	18
Himbeere	6	8	12	14
Honigmelone	8	10	14	16
Kirsche	6	8	14	16
Melone	8	12	14	18
Trauben	8	12	16	18
Wassermelone	8	12	16	18
Gemüse				
Blumenkohl	4	6	8	10
Bohne	4	8	10	12
Broccoli	6	8	10	12
Chicorée	4	6	10	12
Chinesische Keule	8	10	12	14
Erbsen	4	6	10	12
Fenchel	6	10	12	14
Kartoffel	3	5	7	10
Kohl	6	10	12	14
Kohlrabi	6	8	10	12
Mairübe	4	6	8	11
Mais	6	10	18	24
Möhre	4	8	14	18
Paprika	4	6	8	12
Petersilie	4	6	8	12
Pfefferschote	4	6	8	10
Rote Bete	6	8	12	14
Salat	4	6	8	10
Sellerie	4	6	10	12
Spargel	4	6	8	10
Steckrübe	4	6	8	10
Tomate	4	6	10	14
Zuckermais	6	10	18	24
Zwiebel	4	6	10	12

Danksagung

Ich möchte dieses Buch meiner lieben Frau widmen, die mir den Rücken für meine Arbeit stärkt und mir die Kraft gibt, das Ganze zu bewältigen.

Danken möchte ich auch meinem Geschäftspartner Peter Greither. Seiner Familie sind nachhaltiges, verantwortungsvolles Handeln und die Liebe zum Bio-Anbau schon seit Generationen wichtige Anliegen. Mit seiner Unterstützung und Erfahrung ist es gelungen, unsere gemeinsamen Genussthemen einer breiten Öffentlichkeit bekannt und zugänglich zu machen.

Wenn Sie mehr über mich und meine Arbeit wissen möchten, freue ich mich über Ihren Besuch auf www.bio-kontor7.com

Weitere Internetbezugsadressen
Chiemgaukorn, bayerischer Reis, poliertes Einkorn: www.chiemgaukorn.de
Chinesische Keule (Samen): www.seedeo.de
Mizuna-Salat (Samen): www.biogartenversand.de
Blaue Kartoffeln: www.erlesene-kartoffeln.de